物流科技：国际趋势与福建实践

刘　丹　胡秀连　李友林　著

中国商务出版社
·北京·

图书在版编目（CIP）数据

物流科技：国际趋势与福建实践／刘丹，胡秀连，李友林著. -- 北京：中国商务出版社，2025.5.

ISBN 978-7-5103-5714-5

Ⅰ. F259.275.7

中国国家版本馆 CIP 数据核字第 2025UW8137 号

物流科技：国际趋势与福建实践

刘 丹 胡秀连 李友林 著

出　　版：中国商务出版社有限公司

地　　址：北京市东城区安定门外大街东后巷 28 号　　　邮　　编：100710

网　　址：http://www.cctpress.com

联系电话：010—64515150（发行部）　　010—64212247（总编室）

　　　　　010—64241423（事业部）　　010—64248236（印制部）

策划编辑：李自满

责任编辑：谢星光

排　　版：北京天逸合文化有限公司

印　　刷：北京九州迅驰传媒文化有限公司

开　　本：710 毫米×1000 毫米　1/16

印　　张：10.5　　　　　　　　　字　　数：155 千字

版　　次：2025 年 5 月第 1 版　　　印　　次：2025 年 5 月第 1 次印刷

书　　号：ISBN 978-7-5103-5714-5

定　　价：68.00 元

序

本书对物流科技的国际趋势和福建省域的物流科技发展水平进行全面的梳理和总结，为读者提供一个系统化的知识框架。它汇集了来自不同领域的研究成果和实践经验，为学者、从业人员和政策制定者提供了一份较为全面的了解物流科技发展的参考资料。本书引入国际先进的理论观点、概念和模型，通过对国际物流科技发展趋势和福建实践的深入分析，推动物流科技领域的理论发展，并为后续研究提供新的研究方向和思路。本书具体希望达到以下研究目的。

1. 探讨当前全球范围内物流产业发展的主要驱动力即物流科技的发展趋势，包括自动化、人工智能、物联网、大数据等技术的应用，以及它们对物流行业的影响和变革。

2. 重点研究福建省在物流科技领域的实践经验和成果，包括物流基础设施建设、物流信息化、智能物流园区等方面的案例分析和成功经验。

3. 探讨福建省物流科技发展中面临的挑战，如国际竞争方面的压力，数据安全、人才培养等问题，并分析这些挑战背后的机遇，如对创新商业模式、提升竞争力等方面的论述。

4. 探索国际物流科技与福建省的对接与融合，如何借鉴国际先进经验，推动福建省物流业的创新和发展。

全书的框架结构包括以下几个部分。

首先，明确了物流科技的研究意义，阐释了物流科技的内涵，包括软件和信息系统、自动化和机器人技术、物联网和传感器技术、大数据和分析、人工智能和机器学习等关键技术领域，并量化了其对产业发展的贡献率。这些技术的应用正不断推动物流行业的自动化、智能化发展，提高物流效率，降低运营成本，并增强服务的可持续性。

其次，系统地总结了物流科技的国际发展趋势，分析了物流科技的核心趋势是数字化与智慧化，并深入探讨了物联网、大数据、人工智能等技术如何显著提升物流行业的效率和客户体验感。同时，对国际物流科技发展背景进行梳理，并通过亚马逊、马士基、德国邮政敦豪航空货运（DHL）和鹿特丹港等国际案例分析了不同地区在物流科技应用和发展上的特色，以及面临的挑战和所带来的机遇，从而为福建省的物流科技创新提供了宝贵的借鉴和启示。

再次，以福建省作为具体的研究案例，详细地分析了福建省物流科技发展的背景，深入挖掘了福建省物流产业的发展概况，从科技奖励、专利数据等角度着重分析了福建省物流科技发展的现状。此外，对福建省物流科技创新的主要领域与典型案例进行详尽剖析，展示了福建省在智慧物流、跨境电商等领域的创新实践。

又次，本书分析了福建省政府在物流科技发展中的角色和作用，以及物流科技人才发展的支撑情况。政府的政策支持和人才发展战略对于物流科技的创新和发展起到了关键性的推动作用。

最后，面对国际竞争的压力，结合福建省物流科技发展面临的挑战，如数字化转型的加速、创新驱动力的不断强化以及供应链安全与风险管理的紧迫性，提出了一系列对策，包括加强国际合作与技术引进、政府引导与支持、数字化与智慧化的转型、物流科技创新人才与技能提升以及注重环境、能源与可持续发展目标的实现。这些对策的提出旨在推动福建省物流科技的持续发展，提高其竞争力和应对未来挑战的能力。

本书的出版，要感谢福州外语外贸学院学术著作出版基金的支持，感谢胡秀连、江琪、李友林三位老师的通力配合，也要感谢福建省科学技术信息研究所（福建省生产力促进中心）、智旦运宝宝科技有限公司等企业提供的数据资料和行业信息。因笔者水平有限，本书中如有表达不清晰或是数据不准确的地方，请不吝批评指正。

刘　丹

2025 年 4 月于福建福州

目　录

第一章 引 言

一、研究物流科技发展的意义

随着经济全球化程度不断加深和国内电子商务的繁荣，如何以最高的效率和最低的成本推动要素、产品的自由流动成为各行业的重要议题。物流业作为一种先进的组织方式，在联结产品生产、流通、消费等诸多环节中发挥着不可或缺的作用。加快物流业发展，对提高国民经济竞争力具有重要的战略意义。自改革开放以来，市场经济越发活跃，中国物流业得以快速发展。在此背景下，重视物流业发展的客观规律，了解其发展的实际情况及原因，有助于物流业在复杂的新环境下把握机遇、迎接挑战，实现可持续发展。

（一）发展物流科技，畅通经济循环

2023 年 12 月 11 日至 12 日在北京举行的中央经济工作会议，为 2024 年的发展定了基调，"发展是解决我国一切问题的基础和关键"，而这里的发展，是高质量发展，"必须把坚持高质量发展作为新时代的硬道理"，落实到物流产业上，就是要实现物流先进技术的研发、应用和推广。

2022 年 12 月，国务院办公厅正式发布《"十四五"现代物流发展规划》（以下简称《规划》）。作为我国现代物流领域第一份国家级五年规划，《规划》的发布对于加快构建现代物流体系、促进经济高质量发展具有重要意义。《规划》提出："到 2025 年，基本建成供需适配、内外联通、安

全高效、智慧绿色的现代物流体系。"

《规划》揭示了我国现代物流服务经济发展的方向与任务，指出现代物流必须主动发挥连接生产消费、畅通经济循环的支撑作用，并在国际经贸合作、国际竞争新优势培育上提供保障。因此，放眼国际竞争环境，研究国际物流科技的发展趋势，进而缩小我国各区域在物流业总体发展，尤其是物流科技水平发展方面的差距具有十分重要的意义，具体体现在以下几个方面。

1. 了解提高物流效率的先进方法

物流科技可以帮助改进物流管理和运输过程，提高物流效率。通过应用先进的技术和创新的解决方案，可以实现物流操作的自动化和优化，减少时间和资源浪费，从而加快货物流转速度，降低物流成本。

2. 加强对供应链的可视化管理

物流科技可以提供更高水平的供应链可见性。通过物联网技术、传感器和数据分析，可以实时监测和追踪货物的位置、状态和运输条件，帮助企业和利益相关方更好地了解货物的流动情况，及时应对潜在问题，提高供应链的可控性和灵活性。

3. 提供库存优化管理的新思路

研究物流科技发展的国际趋势可以帮助我们了解国际上库存优化管理的新方法。通过数据分析和预测模型，可以更准确地预测需求，避免库存过剩或不足的情况。同时，利用自动化和智慧化技术，可以提高库存管理的精确度和效率，减少库存持有成本。

4. 了解提升客户体验的新策略

对物流科技的国际发展趋势研究可以改善客户体验感。通过提供更好的可见性、准时交付和个性化的物流服务，可以提高客户满意度，增强客户忠诚度。例如，通过物流跟踪系统和实时通知，客户可以随时了解货物的位置和交付状态，从而提高对物流过程的信任度和满意度。

（二）发展物流科技，缩小区域物流差距

由于我国幅员辽阔，不同地区经济发展水平不同，物流需求不同，各地区物流业规模存在着很大差异，具体体现在以下几个方面。

1. 区域物流之间存在规模差异

社会物流总额是指第一次进入国内需求领域，从供应地向接受地实体流动的物品的价值总和。中国物流信息中心从 2008 年开始发布的社会物流总额数据显示，全国社会物流总额从 2008 年的 89.9 万亿元提升至 2023 年的 352.4 万亿元，16 年间，增长了近 3 倍。但是由于除云南等少数省份外，各省区市统计局并未将社会物流总额纳入统计数据，因此选用交通运输、仓储和邮政业增加值指标代替社会物流总额进行分析成为研究惯例。故本书也选用各地方统计年鉴中交通运输、仓储和邮政业增加值进行分析，考虑到部分省份仅发布 2022 年统计数据，故采用该年数据做对比。如表 1-1 所示。

表 1-1　2022 年 30 个省份交通运输、仓储和邮政业增加值

单位：亿元

省份	青海	宁夏	海南	甘肃	吉林	贵州
增加值	155.24	213.5	371.93	555.6	592.11	838.2
省份	天津	重庆	广西	山西	内蒙古	云南
增加值	1061.14	1083.96	1098.29	1198.53	1317.9	1335.4
省份	上海	福建	安徽	浙江	河北	江苏
增加值	1914.53	1960	2171.7	2375	3013.3	3655.55
省份	新疆	北京	江西	湖南	河南	广东
增加值	845.34	879.2	1341.7	1696.9	3721.08	4040.91
省份	山东	湖北	辽宁	黑龙江	四川	陕西
增加值	4911.01	未公布	未公布	未公布	未公布	未公布

数据来源：各省、市、自治区统计局

从上述数据可以看出，排名前十的省份分别是山东、广东、河南、江

苏、河北、浙江、安徽、福建、上海和湖南。排名后十位的省份分别是青海、宁夏、海南、甘肃、吉林、贵州、新疆、北京、天津和重庆。

结合 2022 年的 GDP 数据（见表 1-2），物流产值与经济发展水平有较为密切的关系，排名前十位的省份大部分位于长江三角洲、珠江三角洲等东部沿海经济发达的地区。这主要是因为这些地区制造业、对外贸易快速发展，从而推动了物流业的快速发展。河北、河南虽地处中部，但是具有承东启西的地理区位特征，故物流产值也较高。物流产值排名后十省份中，有 6 个省份属于西部地区和东三省地区。

表 1-2　2022 年各省份物流产业规模与 GDP 的排名对比

省份	排名		排名差值	省份	排名		排名差值
	物流产业规模	国民生产总值			物流产业规模	国民生产总值	
山东	1	3	2	天津	17	24	7
广东	2	1	-1	北京	18	13	-5
河南	3	5	2	新疆	19	23	4
江苏	4	2	-2	贵州	20	22	2
河北	5	12	7	吉林	21	26	5
浙江	6	4	-2	甘肃	22	27	5
安徽	7	10	3	海南	23	28	5
福建	8	8	0	宁夏	24	29	5
上海	9	11	2	青海	25	30	5
湖南	10	9	-1	西藏	未公布	31	
江西	11	15	4	四川	未公布	6	
云南	12	18	6	陕西	未公布	14	
内蒙古	13	21	8	湖北	未公布	7	
山西	14	20	6	辽宁	未公布	17	
广西	15	19	4	黑龙江	未公布	25	
重庆	16	16	0				

数据来源：根据各省、市、自治区统计年鉴数据整理

2011 年有学者研究过物流产值的空间分布，十一年来其变化不大，呈现出由东向西减少的趋势，这与我国东、中部地区经济相对发达有密切关系。随着西部大开发战略和中部崛起战略的实施，中部和西部部分省份物流产值明显提高，如内蒙古、广西等省份。海南省虽地处沿海区域，但是其物流产值在全国一直较低，造成这一现象的原因可能与海南省以旅游业为主的经济发展模式有关。

2. 区域物流之间存在数字化水平差异

2023 年，某数字货运平台发布了《数字物流产业带报告》（以下简称《报告》）。不同于以往产业带报告以规模产值、经济密度、行业类别或交通干线为衡量标准，数字物流视角下的产业带更着眼于产业与数字化物流的融合程度，具体是指以行政区域为单位，对数字货运平台的某一品类，经过运输单量、吨重、运距等综合数据的分析，认为该品类在此区域已经形成产业集聚效应的，则称为数字物流产业带。数据显示，各地产业带多寡，与当地 GDP 水平并无强相关关系，更多的是与当地资源储备和其所处的供应链上下游位置等因素有关。

《报告》指出，我国数字物流产业带呈现梯次发展的特征，根据各省、自治区、直辖市产业带数量分为三个梯队：以广东、山东、浙江、江苏为代表的第一梯队，以广西、新疆为代表的第二梯队，以黑龙江、天津为代表的第三梯队。纵观产业带地理分布情况，沿海地区分布得更加密集，广东、山东、江苏的产业带数量尤为突出，且呈现集聚特征，其中山东以数十亿吨的年发货量傲视全国，成为全国数字物流产业带最全的省份，也是实体经济与数字物流融合程度最深的省份。

结合上述两个方面的差异分析，产业发展水平、物流规模和实体经济与数字物流融合程度存在正相关关系。科学性、先进性、标准化的物流系统最终保障经济双循环的有效运行。而研究和发展物流科技，尤其是数字物流技术，可以有效缩小与发达国家、发达地区之间的物流水平差距。

二、物流科技的内涵

物流科技是指应用科学技术和信息技术改进和优化物流管理和运输过

程的领域。它利用先进的技术和工具来提高物流效率、降低成本，以及提供更好的服务质量和增强可持续性。物流科技可以应用于物流的各个环节，包括供应链管理、运输、仓储、库存管理、订单处理、跟踪和追踪等。它利用先进的技术和创新的解决方案来克服物流中的挑战，并提供更高效、可见和可控的物流操作。

以下是一些常见的物流科技类别。

软件和信息系统：包括物流管理系统、供应链管理软件、运输管理系统、仓库管理系统等。这些系统帮助企业实时监控和管理物流活动，优化运输路线、库存和订单管理，并提供数据分析和预测能力。

自动化和机器人技术：自动化技术在物流领域得到广泛应用，如自动化仓库系统、自动化分拣设备、无人驾驶车辆、机器人拣货系统等。这些技术可以提高物流操作的速度和准确性，并减少人工错误和劳动力成本。

物联网（IoT）和传感器技术：通过连接物理设备和传感器，物联网技术可以实现物流链条的实时监测和追踪。传感器可以收集有关货物位置、温度、湿度、运输条件等方面的数据，从而提高货物的可见性和安全性。

大数据和分析：物流科技利用大数据分析技术来处理和分析大规模的物流数据，以发现潜在的优化机会和趋势。这些数据可以涵盖供应链的各个环节，包括采购、生产、仓储、运输和交付等。通过数据分析，企业可以做出更明智的决策，提高物流效率和客户满意度。

人工智能（AI）和机器学习技术：AI和机器学习技术可以应用于物流预测、路径优化、需求预测、风险管理等方面。它们可以自动化决策过程，提高预测准确性，并根据历史数据和实时信息进行智能优化。

随着科技的不断发展，还会出现新的技术和应用。物流科技的目标是持续改进物流效率和可持续性，提供更好的供应链管理和客户体验。

三、物流科技对产业发展的贡献率

科技进步贡献率广义上是指技术进步对经济增长的贡献份额，即扣除资本和劳动之外的其他因素对经济增长的贡献。这些因素不仅包括科学知识、技术发展和工艺改进，还包括劳动者素质提高和管理创新等。该指标是衡量科技竞争实力和科技成果转化为现实生产力的综合性指标，反映了科技支撑经济社会发展的整体效益。

一般根据 C-D 生产函数得出科技进步速率方程 $Y=A+\alpha \times K+\beta \times L$。其中 Y 为产出的年均增长速度，A 为科技的年均增长速度，K 为资本的年均增长速度，L 为劳动的年均增长速度，α 为资本产出弹性，β 为劳动产出弹性。通常假定生产在一定时期内，α、β 为一常数，并且 $\alpha+\beta=1$，即规模效应不变。令 $E=A/Y \times 100\%$，即为科技进步贡献率。

由科技进步速率方程可导出科技进步贡献率测算的一般公式：

$$E = 1 - (\alpha \times K)/Y - (\beta \times L)/Y$$

根据测算，2013 年我国的科技进步贡献率为 51.7%，2019 年我国的科技进步贡献率为 59.5%，而美国、日本等主要发达国家的科技贡献率现已达到 80% 左右。2023 年全国两会的政府工作报告指出，过去五年，我国科技进步贡献率已提高到 60% 以上。为了更好地了解推动物流业发展的内在因素，剖析物流业各投入要素的贡献率，学术界也纷纷进行了物流业技术进步贡献率研究。

彭健（2011）建立 C-D 函数模型，对 30 个省份的物流科技进步贡献率进行了测算和分析，孟魁（2015）运用增长速度模型对我国物流业科技进步贡献率进行了测算，发现我国物流业科技进步贡献率明显有超越资本投入的趋势，与物流从业人员贡献率也逐渐拉开差距，但是总体水平较低。他指出需要加强在物流信息技术、物流管理体制、物流产业整合等方面的努力，提高科技进步贡献率，促进物流产业升级。

黄佳宝（2017）借鉴索洛模型，以索洛余值法为工具测算了 1992—2015 年劳动力、资本和技术水平对中国物流业发展的贡献率，并对其变化轨迹进行分析。分析发现，资本投入在中国物流业发展的过程中发挥了巨大的作用，劳动力投入发挥的作用十分有限，而技术水平近年来由于无法跟上其他要素投入增加、产出规模急剧扩张的脚步，对物流业发展产生了阻碍作用。中国物流业还处于依靠资本驱动的发展阶段，行业技术还有长足的发展空间。

尹家乐（2016）利用索洛余值法对福建省物流科技进步贡献率进行测算，再利用 DEA-Malmquist 指数法将福建省与沿海其他几个省份进一步比较分析，认为物流科技进步对福建省物流产业的发展有促进作用，但是福建省物流科技进步贡献率测算结果显示其贡献率有待进一步提高，还没有真正达到利用科技进步来促进福建省物流产业发展的目标。

四、研究方法与数据来源

（一）研究方法

1. 文献分析法

文献分析法是一种写论文时常用的研究方法，是定性研究的一种形式，研究人员围绕一个主题对收集来的文献进行解释，从而表达自己的观点。在这种分析法中，文献主要可以分为三类：公共资料、私人文件及各种物证（传单、海报、宣传手册等）。

该研究方法的使用方式主要是在确定研究课题以后，搜索、整理文献并进行研究，最终完成文献综述来陈述个人观点，以便支撑后续的整体研究工作。它有助于研究者系统全面地了解研究有关领域的情况，从而解释研究内容，形成研究结果。

本书所用的文献主要是公开发布的政府政策、企业案例以及研究报告等。

2. 专利分析法

专利不仅是企业用来保护自己发明创造的一种途径，也是开展情报竞争的重要信息源之一，同一发明成果出现在专利文献中的时间比出现在其他媒体上的时间平均早 1~2 年。所以，专利数据是企业在知识经济社会中重要的资产和技术资源。专利分析统计也就成为研究技术创新和科研管理的重要指标。

专利数据具备以下优势：一是评价标准相对客观，较为可靠；二是专利数据信息量大，包含了技术、发明以及发明者的信息，为创新研究的分类提供了依据；三是专利数据较容易获取。学者们普遍认为，专利数据已成为观察和研究产业创新产出增长趋势、空间分布的重要路径。

（1）专利与物流产业发展的关联性分析

一些研究表明，专利对产业发展的促进作用不是无限的，随着时间推移会发生改变。为此，本书以专利数据与社会物流总费用数据为基础，就全国专利与产业发展关联性、专利空间分布特征等关键问题开展定量分析。在专利与产业发展关联性研究内容中，应用 ADF 检验法、VAR 模型、脉冲响应法等方法分析专利与物流产业发展的互动逻辑。

（2）数据平稳性分析

当数据时间序列非平稳时，会使模型出现"伪回归"，所以要确定各变量的时间序列数据的平稳性，进行单位根检验，如表 1-3 所示。

表 1-3　2014—2022 年物流产业经济值与专利数量值

年份	社会物流总费用/万亿元	物流相关专利申请量/项
2022	17.8	32512
2021	16.7	28273
2020	14.9	30814
2019	14.6	25118
2018	13.3	22630
2017	12.1	18472
2016	11.1	13723
2015	10.8	9990
2014	10.6	6901

数据来源：国家知识产权局

本项目中采用 ADF 检验法对物流产业专利时间序列和社会物流产值时间序列及其差分项的平稳性进行检验，避免因直接对非平稳的时间序列进行回归操作而导致"伪回归"现象。检验公式如下：

$$\Delta Y_t = \alpha_0 + \gamma t + \phi Y_{t-1} + \sum_{i=1}^{m} \alpha \Delta Y_{t-1} + \varepsilon_t \tag{1}$$

$$\Delta X_t = \alpha_0 + \gamma t + \phi X_{t-1} + \sum_{i=1}^{m} \alpha \Delta X_{t-1} + \varepsilon_t \tag{2}$$

式中，ΔY_t 表示 t 时期产业发展增长水平，ΔX_t 表示 t 时期专利增长水平，m 为滞后阶数。选用 5% 作为临界值，如 ADF 检验结果大于 5% 临界值，则序列不平稳；如 ADF 检验结果小于 5% 临界值，则序列平稳。

如表 1-4 所示，针对年物流业总收入，该时间序列数据 ADF 检验的 t 统计量为 -0.235，p 值为 0.934，1%、5%、10% 临界值分别为 -6.045、-3.929、-2.987。$p=0.934>0.1$，不能拒绝原假设，序列不平稳。对序列进行一阶差分再进行 ADF 检验。一阶差分后数据 ADF 检验结果显示 $p=0.000<0.01$，有高于 99% 的把握拒绝原假设，此时序列平稳。

表 1-4　年物流业总收入-ADF 检验表

差分阶数	t	p	临界值		
			1%	5%	10%
0	-0.235	0.934	-6.045	-3.929	-2.987
1	-8.502	0.000	-6.045	-3.929	-2.987

基于 lags=2

如表 1-5 所示，针对专利，该时间序列数据 ADF 检验的 t 统计量为 0.464，p 值为 0.984，1%、5%、10% 临界值分别为 -4.939、-3.478、-2.844。$p=0.984>0.1$，不能拒绝原假设，序列不平稳。对序列进行一阶差分再进行 ADF 检验。一阶差分后数据 ADF 检验结果显示 $p=0.000<0.01$，有高于 99% 的把握拒绝原假设，此时序列平稳。

表 1-5　专利-ADF 检验表

差分阶数	t	p	临界值		
			1%	5%	10%
0	0.464	0.984	-4.939	-3.478	-2.844
1	-11.631	0.000	-5.354	-3.646	-2.901

基于 lags=0

（3）因果关系校验

向量自回归模型（Vector Autoregressive Model，简称 VAR 模型）是非结

构性方程组模型，由克里斯托弗·西姆斯（Christopher A. Sims）于 1980 年提出。该模型不以经济理论为基础，采用多方程联立的形式，在模型的每一个方程中，内生变量对模型的全部内生自变量的滞后项进行回归，进而估计全部内生变量的动态关系，常用于预测相互联系的时间序列系统以及分析随机扰动对变量系统的动态冲击。

VAR 模型的本质是"考察多变量间的动态互动关系"。VAR 模型的构建要求参与建模的变量是平稳序列，或存在协整关系的非平稳序列。上一小节已经验证了专利时间序列与社会物流总费用时间序列数据的二者一阶差分数据是平稳序列。

由 SPSSAU 计算得到以下结果。如表 1-6 所示。

表 1-6　基本参数表

参数项	值
趋势类型	常数
滞后阶数 lags	自动定阶（1 阶）
预测期数	12 期

如表 1-6 中基本参数所示，滞后阶数 lags 自动定阶为 1 阶。因此，AIC 准则时应该以 1 阶为准，BIC 准则时应该以 1 阶为准，FPE 准则时应该以 1 阶为准，HQIC 准则时应该以 1 阶为准。4 个指标值中最小值为 1 阶，SPSSAU 最终以 1 阶为准构建 VAR 模型。

从表 1-7 可知，VAR 模型公式如下。

表 1-7　VAR 模型结果

	社会物流总额	专利
常数	92.336 (1.946)	−32628.044 ** (−6.522)
L1 社会物流总额	0.390 (1.398)	170.536 ** (5.795)
L1 专利	0.003 (1.760)	0.194 (1.203)

续表

	社会物流总额	专利
nobs	7	
llf	−79.324	
AIC 值	24.378	
SC 值	24.332	
HQIC 值	23.805	

** 表示 $p<0.01$，括号里面为 t 值

社会物流总额＝92.336+0.390×L1 社会物流总额+0.003×L1 专利；

专利＝−32628.044+170.536×L1 社会物流总额+0.194×L1 专利。

VAR 模型构建后，还需关注后续的脉冲响应等分析。

如图 1-1 所示，从 VAR 特征根图可知，所有特征根值均在单位圆之内，意味着构建的 VAR 模型稳定性较好。

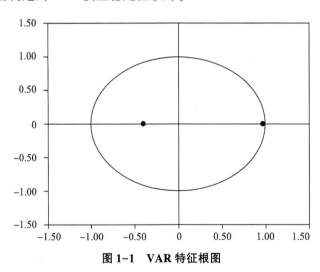

图 1-1　VAR 特征根图

脉冲响应图中重要的是响应的剧烈程度和响应消失，系统达到又一个均衡状态的时间长度，比较有参考意义。从图 1-2 看，专利冲击扰动在短期内对产业（社会物流总费用）的影响是快速且幅度较大的，并长期保持一定影响。

综上，选择专利数量来作为物流产业发展的指标是可行的，本书对专

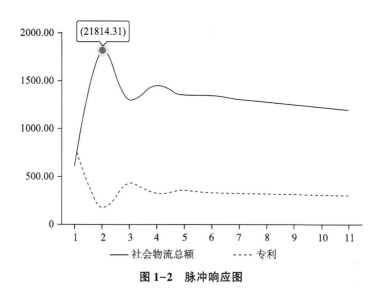

图 1-2 脉冲响应图

利数与物流产业技术发展的动态互动特征进行研究。

就本书的研究过程而言，获取数据的完整性、准确性，数据加工处理的方法的科学性等各方面仍然还有很大的提升空间。但有了多维度、多元化的数据，可以从各维度得到一些分析结果，将问题、特征呈现出来，为更广泛的产业技术研究做支撑。

3. 对比分析法

对比分析法是指将两个或两个以上的数据进行比较，分析它们的差异，从而揭示这些数据所代表的事物发展变化情况和规律性。对比分析法的特点是：可以非常直观地看出事物某方面的变化或差距，并且可以准确、量化地表示出这种变化或差距。

本书通过对比分析国际上与福建省的物流科技发展概况、趋势，得出二者之间的水平差距，从而找出更好的发展路径。

（二）数据来源

本章应用的数据基本信息如表 1-8 所示，2015—2022 年度的中物流科技奖项目来自中国物流与采购联合会（简称"中物联"）官网（www.chinawuliu.com.cn）相关栏目；2007—2022 年福建省科技奖励数据来自福建省科技奖励管理信息系统（http://kjjl.kjt.fujian.gov.cn/globalSearch.do）；近 5 年申请的物流相关专利数据采集自国家知识产权专利检索及分析平台（pss-system.cponline.cnipa.gov.cn）；中国物流与采购联合会 A 级物流企业清单采集自中国物流与采购联合会官网（www.chinawuliu.com.cn）相关栏目；近 5 年结题的物流相关国家自然科学基金项目采集自国家自然科学基金大数据知识管理服务门户（https://kd.nsfc.gov.cn）；1998—2022 年福建省科技计划项目申报数据采集自福建省科技计划项目实时查询页面（http://xmgl.kjt.fujian.gov.cn/statisticsSelect1.do）。

表 1-8　原始数据基本信息

基本信息	数量	检索日期
2015—2022 年中物流科技奖项目	1860 条	2022 年 11 月 5 日
2007—2020 年福建省科技奖励数据	2918 条	2022 年 11 月 9 日
近 5 年申请的物流相关专利数据	11.4 万条	2022 年 11 月 9 日
中国物流与采购联合会 A 级物流企业清单	8850 家	2022 年 10 月 8 日
近 5 年结题的物流相关国家自然科学基金项目	545 项	2022 年 11 月 8 日
1998—2022 年福建省科技计划项目申报数据	76306 项	2022 年 11 月 8 日

以上数据被采集之后，存在一些重复、缺失等问题，本书对其采用了多重方式的数据清洗。此外，本书还应用了其他数据，详见相关章节中的说明。

第二章　国际物流科技发展概述

一、数字化与智慧化：物流科技的核心趋势

（一）数字化物流管理的发展与应用

1. 数字化物流管理的概念及意义

数字化物流管理是指利用信息技术手段对物流过程进行全面数字化、信息化管理的方式。随着信息技术的不断发展和应用，数字化物流管理已经成为现代物流管理的重要组成部分。数字化物流管理的意义在于提高物流管理的效率和精度，降低物流成本，优化供应链管理，提升客户服务质量，推动物流行业的转型升级。

数字化物流管理的特点包括以下五点。

（1）数字化物流管理具有高效性。通过数字化技术，物流公司可以实现对整个物流过程的实时监控和管理，从而提高物流运作的效率。例如，利用物联网技术可以实现对货物的追踪和监控，确保货物能够准时到达目的地，降低货物丢失和损坏的风险。

（2）数字化物流管理具有精准性。通过数据分析和预测算法，物流公司可以准确预测货物的需求量和运输路线，从而减少运输过程中的浪费和损耗。此外，数字化物流管理还可以实现对库存和订单的精准管理，避免因为库存过剩或者缺货而导致的损失。

（3）数字化物流管理具有透明性。通过数字化技术，物流公司可以实

现整个物流过程的信息共享和透明化，包括货物的实时位置、运输过程中的问题和解决方案等。这样可以提高客户对物流过程的信任度，减少信息不对称带来的风险。

（4）数字化物流管理具有智慧化的特点。通过人工智能和大数据分析技术，物流公司可以实现对物流过程的智慧化管理，包括路线规划、运力调配、成本控制等方面。这样可以提高物流公司的竞争力，降低运营成本，提高服务质量。

（5）数字化物流管理具有可持续性。通过数字化技术，物流公司可以实现对能源消耗和环境影响的监控和管理，从而实现绿色物流和可持续发展。这样可以增强物流行业的社会责任感，减少对环境的负面影响。

数字化物流管理具有高效性、精准性、透明性、智慧化和可持续性等特点，可以帮助物流公司实现对物流过程的全面管理和优化，提高竞争力和服务质量。因此，数字化物流管理是物流行业发展的重要趋势，值得重视和推广。

2. 数字化物流管理的发展历程

数字化物流管理的发展历程可以追溯到信息技术的初期应用。随着计算机技术、互联网技术和物联网技术的不断成熟和普及，数字化物流管理得到了迅速发展。从最初的简单信息化管理到如今的智慧化、自动化管理，数字化物流管理已经取得了长足的发展。物流数字化转型进程加快，并呈现出亮点纷呈的趋势，成为物流业实现高质量发展的强大助推器。

以公路运输市场领域为例，物流的数字化转型经历了以下阶段。

（1）20世纪80—90年代。在经济快速发展的背景下，市场呈现快速增长态势。公路货运交易形成了一批公路港型园区，逐渐产生了信息部门。通过门口小黑板发布货源和车源信息，在诚信交易基础上追求利润，这是最早的线下"平台"。公路港将线下信息搬到信息大屏上，方便司机寻找合适的货源。

（2）2000—2010年。互联网技术快速发展，连锁型的公路港实现了信息互联互通，探索通过拓展业务范围来创造价值。一批技术型公司建立了B2B公路信息交易平台，提供车辆、集装箱与货源信息匹配服务，但由于缺乏创新技术支持，只能将信息简单搬到线上。

（3）2011—2016年。移动互联网和智能手机的发展以及全球定位系统的应用，为公路运输行业的线上化创造了基础条件。以车箱货匹配为主的物流平台呈现爆发式增长，但大部分网站在灵活度、可靠性、业务丰富度等方面与现在的平台相去甚远。

（4）2017年至今。无车承运人试点激发了传统企业数字化转型的动力。传统企业纷纷尝试平台化转型，优化服务能力，打破企业边界，重构产业生态。以车箱货匹配为核心的平台企业经历洗牌，通过整合、并购、重组等方式，加速向复合模式转变。政府规制的完善降低了市场不确定性，提升了公平性，促进了货运物流传统企业和数字平台企业的双向融合。

目前，数字化物流管理在实际应用中已经取得了显著成效。通过物流信息系统的建设和应用，企业可以实现对物流过程的全面监控和管理，提高物流配送的效率和准时率。同时，数字化物流管理还可以实现对库存、运输、订单等方面的精细化管理，降低库存成本，提高资金周转率。

（二）智慧化物流技术的发展与应用

1. 智慧化物流技术的概念及意义

智慧化物流技术是指利用先进的信息技术和自动化设备，对物流流程进行智慧化管理和操作的技术。智慧化物流技术的核心是通过信息技术对物流流程进行优化和智慧化管理。例如，通过物联网技术和传感器设备，可以实时监测货物的位置和状态，实现对货物的精准跟踪和管理。同时，利用大数据和人工智能技术，可以对物流数据进行分析和预测，提前发现潜在问题并对其进行优化调整，提高物流效率和服务质量。智慧化物流技术还包括自动化设备的应用，例如自动化仓储设备、自动化分拣系统等，可以实现物流流程的自动化操作，减少人力成本，提高作业效率。另外，还可以通过智慧化的调度系统和路线优化算法，实现物流运输的智慧化规划和调度，降低运输成本，提高运输效率。

随着科技的不断发展，智慧化物流技术已经成为现代物流行业的重要组成部分。智慧化物流技术对物流行业的发展和现代社会的进步的重要意义不言而喻。

（1）智慧化物流技术可以提高物流效率。通过智慧化物流技术的应用，可以实现对物流运输、仓储、配送等环节的实时监控和管理，使物流运作更加高效、快速。例如，利用物联网技术可以实现对货物位置、温度、湿度等信息的实时监测，有助于提前发现问题并对其进行及时处理，从而缩短物流运输时间，提高物流效率。

以配送管理环节为例，随着电子商务的蓬勃发展，配送环节成为现代商业的关键环节，2023年上半年，我国快递累计业务量已达600亿件，日均配送件数已超3亿件。智慧化物流与配送架构通过运用先进的技术手段，如物联网、人工智能、大数据分析等，正在以前所未有的方式优化和改进整个物流过程。这一架构不仅提高了交付效率，还增强了可靠性，推动了现代商业的发展。智能物流架构的核心在于实时数据的收集、分析和利用。通过在物流链中嵌入物联网传感器，可以实时监控货物的位置、温度、湿度等信息，确保货物的安全和完整。人工智能技术则可以优化配送路线，提高运输效率，降低成本。大数据分析可以预测需求，优化库存管理，减少过剩和缺货的问题。这些优势共同促进了物流效率的提高，从而为商家和消费者带来更快速、可靠的配送服务，可以促进高水平物流运转。

（2）智慧化物流技术可以降低物流成本。中国物流与采购联合会原副会长贺登才认为，通过发展智慧物流，如网络货运、数字仓库，以及这些数字化的调度平台，建立一个全国性的物流信息网络，可以提高数字化、智慧化水平，降低物流成本。具体来看，传统的物流运作通常需要大量的人力和物力投入，成本较高，而庞大的物流量对应着巨大的数据量，数字化赋能物流业转型升级是实现降本增效的关键举措。智慧化物流技术的应用可以实现对物流运作的精细化管理，节约人力资源，减少资源浪费，降低物流成本。具体体现在加快5G、物联网等创新技术的集成应用，提升数据实时传输能力，从而精准掌握物流数据动态变化趋势，减少物流活动中的浪费；充分利用大规模设备更新和消费品以旧换新的契机，加快新型物流基础设施建设，更广泛应用无人驾驶、无人机、自动分拣等新技术新设备，可以降低人力成本。

（3）智慧化物流技术还可以提升物流服务质量。通过智慧化物流技术的应用，可以实现对物流过程的全程监控和管理，提高物流运作的可视化程度和透明度，有助于及时发现和解决问题，提升物流服务的及时性和准确性，极大提高服务效率。例如，利用信息技术可以实现对订单的实时跟踪和配送进度的实时更新，让客户能动态查询包裹所处的地点，提升客户满意度。此外，在传感器及识别、大数据、人工智能、地理信息系统等多项先进技术的支撑下，智慧物流给物流行业和人们的生产生活带来了很大改变。对消费者来说，人们不仅能享受更快捷、高质量的物流服务，还能不断强化绿色健康的消费和生活理念。

2. 智慧化物流技术的基本原理

智慧化物流技术的基本原理包括信息采集、信息处理、决策支持和执行控制等环节。信息采集是通过各种传感器和设备对物流环节进行数据采集，包括货物的运输、仓储、装卸等环节。信息处理是通过计算机系统对采集到的数据进行处理和分析，以提取有用的信息。决策支持是通过数据分析和模型计算，为物流决策提供科学依据。执行控制是通过智慧化设备和系统对物流过程进行实时监控和调度，以确保物流的顺利运作。

根据技术类别划分，智慧化物流技术的基本原理可分为自动识别技术、数据挖掘技术、人工智能技术、地理信息系统技术等。

（1）自动识别技术（Automatic Identification Techniques）

自动识别技术是以计算机、光、机、电、通信等技术的发展为基础的一种高度自动化的数据采集技术。它是通过应用一定的识别装置，自动地获取被识别物体的相关信息，并提供给后台的处理系统来完成相关后续处理的一种技术。它能够帮助人们快速而又准确地进行海量数据的自动采集和输入，在运输、仓储、配送等方面已得到广泛的应用。计算机技术刚出现时，人们便开始思考如何利用计算机对图像、声音等进行自动识别。在这一时期，自动识别技术处于起步阶段，主要应用于一些简单的文字识别和图像识别领域。现在，自动识别技术已经发展成为由条码识别技术、智能卡识别技术、光字符识别技术、射频识别技术、生物识别技术等组成的综合技术，并正在向集成应用的方向发展。

（2）数据挖掘技术（Data Mining Techniques）

数据挖掘是从大量的、不完全的、模糊的及随机的实际应用数据中，挖掘出隐含的、未知的、对决策有潜在价值的知识和规则的过程，一般分为描述型数据挖掘和预测型数据挖掘两种。描述型数据挖掘包括数据总结、聚类及关联分析等。预测型数据挖掘包括分类、回归及时间序列分析等，其目的是通过对数据的统计、分析、综合、归纳和推理，揭示事件间的相互关系，预测未来的发展趋势，为企业的决策者提供决策依据。

（3）人工智能（AI）技术

人工智能是探索研究用各种机器模拟人类智能的途径，使人类的智能得以物化与延伸的一门学科。它借鉴仿生学思想，用数学语言抽象地描述知识，用以模仿生物体系和人类的智能机制，主要的方法有神经网络、进化计算和粒度计算三种。

（4）地理信息系统（Geographical Information System，GIS）技术

GIS 是打造智能物流的关键技术与工具，使用 GIS 可以构建物流一张图，将订单信息、网点信息、送货信息、车辆信息、客户信息等数据都在一张图中进行管理，实现快速智能分单、网点合理布局、送货路线合理规划、包裹监控与管理。GIS 技术可以帮助物流企业实现基于地图的服务，如网点标注、片区划分、快速分单、车辆监控管理系统、物流配送路线规划辅助、数据统计与服务等。

当前，智慧化物流技术已经在物流行业的各个环节得到广泛应用。在仓储管理方面，智慧化物流技术可以实现仓库的自动化管理和智慧化操作，提高仓储效率和准确性。在运输管理方面，智慧化物流技术可以实现对车辆的实时监控和调度，提高运输效率和安全性。在信息管理方面，智慧化物流技术可以实现物流信息的实时共享和交互，提高信息的透明度和准确性。

3. 智慧化物流技术的发展历程

随着科技的不断进步和全球化贸易的蓬勃发展，智慧化物流技术在过

去几十年里取得了长足的进步。从最初的手工操作到现在的自动化系统，智慧化物流技术的发展历程可谓是一部科技进步的历史。

（1）智慧化物流技术最初的发展可以追溯到 20 世纪 70 年代，当时电子数据交换（Electronic Data Interchange，EDI）技术的出现使得企业间的信息交流更加便捷和高效。随后，随着计算机技术的逐渐成熟，仓储管理系统（Ware house Management System，WMS）开始被广泛应用，使得仓储管理和库存控制变得更加精确和可靠。

（2）进入 21 世纪，随着物联网、大数据和人工智能等新兴技术的快速发展，智慧化物流技术迎来了新的发展机遇。物流企业开始利用物联网技术实现对货物的实时追踪和监控，大数据分析技术帮助企业更好地预测市场需求和优化供应链，人工智能技术则使得物流系统能够自动学习和优化运作流程。

（3）如今，智慧化物流技术已经成为物流行业的核心竞争力之一。无人驾驶车辆、智能仓储机器人、无人机等新设备的应用正在改变着传统物流行业的运作模式，使得物流运输更加高效、安全和环保。

（三）数字化与智慧化物流的未来发展趋势

1. 物流大数据与人工智能的融合发展

在全球经济的快速发展和物流行业的不断壮大的背景下，物流大数据与人工智能的融合发展趋势正逐渐显现出来。

（1）物流大数据与人工智能的融合将为物流企业提供更精准的预测和决策支持。通过对海量的物流数据进行分析和挖掘，人工智能可以帮助企业发现隐藏在数据中的规律和趋势，从而预测货物运输的最佳路线、最佳装载方案等，提高运输效率和降低成本。同时，人工智能还可以通过对市场需求和供应链情况的分析，为企业提供更科学的决策支持，降低经营风险。

（2）物流大数据与人工智能的融合将推动物流行业向智慧化、自动化方向发展。在物流运输领域，人工智能技术可以应用于自动驾驶车辆、智能物流仓储设备等方面，实现物流运输的自动化和智慧化。这不仅可以提高物流运输的安全性和效率，还可以减少人力成本，推动物流行业向数字化转型。

（3）物流大数据与人工智能的融合还将为物流企业提供更优质的客户服务和用户体验。通过对客户需求和行为数据的分析，人工智能可以为客户提供个性化的物流解决方案和定制化的服务，提高客户满意度和忠诚度。同时，人工智能还可以通过智能客服系统等方式，实现对客户的 24 小时全天候服务，提升客户体验感。

物流大数据与人工智能的融合发展趋势将为物流行业带来巨大的机遇。物流业可积极借助人工智能技术，加强对物流大数据的分析和应用，提升企业的核心竞争力，推动物流行业朝着智慧化、高效化的方向前进。

2. 区块链技术在物流领域的应用

区块链技术（Blockchain Technology）是一种分布式数据库技术，可以记录交易数据并确保数据不可篡改。随着数字化与智慧化的进程不断加快，区块链技术在物流领域的应用也越来越受到关注。

（1）区块链技术可以提高物流行业的透明度和增强其可追溯性。通过区块链技术，物流公司可以实时追踪货物的运输情况，确保货物的安全和准时送达。同时，区块链技术还可以记录货物的交易信息，确保数据的真实性，从而减少信息不对称现象和欺诈行为。

（2）区块链技术可以简化物流行业的交易流程。传统的物流交易往往需要多个中介机构的参与，导致交易成本高昂和效率低下。而区块链技术可以实现去中心化的交易，简化交易流程，降低交易成本，提高交易效率。

（3）区块链技术还可以改善物流行业的供应链管理。通过区块链技术，物流公司可以实时记录货物的供应链信息，包括生产、运输、存储等环节，确保供应链的可视化和高效管理。

总体而言，区块链技术在物流领域的应用可以提高行业的透明度、降低交易成本、提高交易效率和改善供应链管理。区块链技术的不断发展和完善，也将为物流行业带来更多的创新和发展机遇。

3. 可持续发展与绿色物流的数字化与智慧化解决方案

可持续发展是当今全球面临的重要挑战之一，而绿色物流作为可持续发展的重要组成部分，其数字化与智慧化解决方案成为当前的热门话题。

（1）数字化与智慧化可以提高物流运作的效率和精准度。通过物联网技术和大数据分析，物流企业可以实现对货物运输、仓储和配送等环节的实时监控和管理，从而减少资源浪费和能源消耗，提高运输效率和准时率。此外，智慧化的路线规划和车辆调度也能够降低运输过程中的空载率和减少里程，减少碳排放和环境污染。

（2）数字化与智慧化可以促进绿色物流的信息透明和可追溯建设。通过区块链技术和数字化标识，货物的来源、运输过程和环境影响等信息都可以被记录和追踪，从而提高供应链的透明度和可信度。消费者可以通过扫描产品标识或查询相关平台，了解产品的生产环境和运输情况，从而增强对绿色产品的信任感和购买意愿。

（3）数字化与智慧化可以促进绿色物流企业的协同合作和资源共享。通过共享平台和智慧化系统，不同物流企业可以实现信息共享、资源整合和合作配送，减少重复投入和空转运输，降低成本和能源消耗。同时，数字化技术也能够促进各个环节的协同配合和信息共享，提高整个供应链的运作效率和可持续性。

二、国际物流科技发展的地域特点与差异

（一）国际物流科技发展的背景

1. 全球化背景下的物流科技发展历程

随着全球化的快速发展，物流科技在过去几十年里取得了巨大的进步和发展。全球化使得商品和服务在世界各地之间的流动变得更加频繁和便捷，这就要求物流科技必须不断地进行创新和改进，以满足日益增长的需求。

（1）物流科技的发展历程可以追溯到 20 世纪 50 年代，当时计算机技

术开始应用于物流管理系统。这一时期，计算机的出现使得物流管理的效率得到了显著提高，从而使得物流成本得到了有效的控制。计算机技术在物流领域得到应用的一个显著的标志是自动识别技术的使用。人们通过该项技术来自动读写信息数据。20 世纪 50 年代，伴随着雷达研究和应用的不断深入，射频识别技术应运而生，为自动识别技术的研究和发展奠定了理论基础。经过 20 年左右的实验研究探索阶段，到 20 世纪 70—80 年代，自动识别技术与产品研发如火如荼，也加速了自动识别技术的测试。伴随着条码技术在 70 年代的普及，第一代智能移动终端出现，自动识别技术使得数据录入效率得到提升。随后，随着信息技术的不断发展，物流管理系统也不断地进行升级和改进，从而为全球化的物流运输提供了更加高效和可靠的解决方案。

（2）在 20 世纪 90 年代，随着互联网的普及和应用，物流科技迎来了新的发展机遇。互联网的出现使得物流信息的传递和管理变得更加便捷和快速，从而为全球化的物流运输提供了更加便利和高效的解决方案。此外，随着物联网技术的不断发展，物流科技也在不断地进行创新和改进，从而为全球化的物流运输提供了更加智能和可持续的解决方案。

（3）在当今数字经济环境下，物流科技的发展已经进入了产业发展的阶段。随着人工智能、大数据和区块链等新兴技术的不断发展和应用，物流科技也在不断地进行创新和改进，从而为全球化的物流运输提供了更加智能和高效的解决方案。此外，随着环保意识的不断提高，物流科技也在不断地进行创新和改进，从而为全球化的物流运输提供了更加可持续和环保的解决方案。

物流科技不再是物流企业的一个技术辅助部门，而是成为一个新兴产业。物流科技产业是以电商业务为依托的物流生态，包括综合电商物流、跨境物流、即时物流、仓储物流、货运 O2O、第三方快递、"最后一公里"、智能物流服务商、大宗物流网络以及物流供应链等。2023 年物流科技行业经历价格战与上市潮，我国的快递行业营收规模达 1.4 万亿元，即时物流市场规模同比增长超两成。物流科技产业链包括综合电商物流、跨境物流等，主要企业分布在北上广浙等地。中国的主要物流科技企业有 96 家，其中广东、上海均分布了 26 家，浙江 18 家，北京 11 家，江苏 5 家，福建 3 家，河南、西藏、山东均 2 家，辽宁 1 家。

总的来说，数字经济环境下的物流科技发展历程可以说是一个不断创新和进步的过程。随着新技术的不断发展和应用，物流科技也在不断地进行升级和改进，从而为全球化的物流运输提供了更加高效和可靠的解决方案。

2. 国际贸易增长对物流科技的影响

根据世界贸易组织（WTO）发布的 2023 年全球货物贸易数据，2023 年，全球出口总额 23.8 万亿美元，下降 4.6%，继 2021 年（增长 26.4%）、2022 年（增长 11.6%）连续两年增长后再次下降，较疫情前的 2019 年仍增长 25.9%。其中，2023 年中国进出口总值 5.94 万亿美元，我国连续 7 年保持全球货物贸易第一大国地位；其中，出口和进口国际市场份额分别为 14.2% 和 10.6%，连续 15 年保持全球第一和第二。《全球贸易展望与统计》报告预测，2024 年全球货物贸易量将增长 2.6%，2025 年将延续复苏势头，预计增长 3.3%。国际货币基金组织（IMF）在《世界经济展望报告》中也预测，2023 年包含货物和服务的全球贸易量将增长 3%。得益于全球供应链的韧性和稳固的多边贸易框架，全球贸易复苏正在取得进展。在世界经济艰难复苏的大背景下，我国国际贸易表现出较强的发展韧性，为全球经济增长提供了重要驱动力。

随着国际贸易规模的扩大，物流需求也在不断增加。《全球快递发展报告（2023）》指出，在新兴市场带动下，全球快递包裹市场发展稳中向好，扩容与调整并存，预计 2023 年全球快递包裹业务量突破 2000 亿件，业务收入将达到 4.3 万亿元，业务量增长超过 6%。

（1）国际贸易增长对物流科技的影响体现在物流运输方式的多样化和智慧化上

为了满足国际贸易需求，物流科技不断创新，推动物流运输方式的多样化发展。例如，国际快递作为包裹和货物跨国运输的一种方式，因其时效性备受消费者关注。在这一背景下，物流科技在国际贸易中的作用变得越来越重要。各快递物流企业纷纷推出智慧化物流解决方案，提高了物流运输的效率和增强了其可靠性。物流科技的发展不仅提高了国际贸易的效率和增强了其可靠性，还为贸易各方提供了更多的选择和便利。

此外，随着无人驾驶技术和人工智能技术的不断成熟，物流科技也在逐渐实现智慧化运输，提高了物流运输的安全性和准确性。例如，在海运方面，智慧港口是港口的建设趋势和发展的必然方向，世界各国都在建设智慧港口，荷兰鹿特丹港是港口自动化技术研究的先驱。1993年，世界上第一座自动化集装箱码头就在鹿特丹港的 ECT 自动化码头正式投入商业运营。我国交通运输部提出到 2027 年建成一批世界一流的智慧港口和智慧航道的发展目标。深圳市蛇口港、盐田港等港口依托人工智能、5G、物联网、北斗系统、自动化、区块链等科技赋能，由传统散杂货码头升级改造成现代化智慧港口，进出口和内外贸业务实现量质齐升。天津港北疆港区的智慧码头于 2024 年建成，这是全球首个"智慧零碳"码头，这里的货物从装卸、转运、堆放，全部通过人工智能实现，每年的吞吐量高达 200 万标箱。

（2）国际贸易增长对物流科技的影响体现在物流流程透明化上

物流流程透明度是指在物流活动过程中，相关信息能够真实、全面、有效地被呈现和感知。随着国际贸易规模的扩大，物流信息的管理变得越来越复杂。为了提高物流信息的管理效率和透明度，物流科技不断创新，推动物流信息化发展。例如，各种物流信息管理系统的应用大大提高了物流信息的收集、分析和传输效率，为国际贸易提供了更加准确和可靠的物流信息。此外，区块链技术的应用也为国际贸易提供了更加透明和安全的交易环境，提高了国际贸易的信任度和增强了其可靠性。

从技术层面来看，物流过程透明包含三个层次：运输工具状态信息透明、货物状态信息透明和运输流程节点的作业信息透明。

首先是运输工具状态信息透明。在物流活动过程中，确保运输工具的状态信息透明是至关重要的。这不仅有助于提高运输效率，还能确保货物安全并及时送达目的地。确保运输工具的状态信息透明是实现物流过程透明化的基础。

其次是货物状态信息透明。在物流过程中，确保货物状态信息透明同样至关重要。货物状态信息包括货物的包装、物理和化学性质、货损情况等，这些信息直接关系到货物的安全和质量。货物状态信息的透明化有助于提高物流过程的效率和安全性。通过实时监控和数据分析，企业可以及时发现并解决潜在问题，减少货物损坏和损失的风险，从而为客户提供更优质的服务。

最后是运输流程节点的作业信息透明。在物流过程中，确保运输流程节点的作业信息透明至关重要。这些信息不仅关系到货物的安全，还直接影响整个运输流程的效率和准确性。运输流程节点的作业信息透明化有助于提高物流过程的效率和准确性。通过实时监控、记录和反馈相关信息，企业可以更好地管理运输流程，确保货物安全、准确、及时地送达目的地。同时，这些透明化的信息还有助于提高客户满意度，增强企业的竞争力。

运输过程透明的三个层次是一个有机统一的整体。它们相互关联、相互支持，共同构成了运输过程透明化的完整体系。同时，这些信息还可以帮助企业进行更好的调度和规划，提高物流管理的效率和准确性。这种可视化的功能不仅提高了信息的透明度，还使得各参与方能够更好地协作和沟通，共同实现物流过程的优化和管理水平的提升。基于以上理念，不少企业开发出相关管理平台以促成物流信息同名化，例如我国智旦运宝宝科技有限公司研发的货运宝平台于 2016 年 6 月正式上线后，已经在应用领域取得了很好的成效。

（3）国际贸易增长对物流科技的影响对全球经济有着重要意义

随着物流科技的不断发展，国际贸易的效率和可靠性得到了大幅提升，为全球经济的发展提供了更加稳定和可靠的物流支持。物流科技的发展也为国际贸易提供了更多的选择和便利，推动了国际贸易的进一步发展和深化。因此，国际贸易增长对物流科技的影响不仅提高了国际贸易的效率和增强了其可靠性，还为全球经济的发展带来了更加稳定和可持续的支持。

国际贸易增长对物流科技的影响是不可忽视的。国际贸易规模的不断扩大和进程的深化推动了物流科技的不断创新和发展，提高了物流运输方式的多样化和智慧化水平，推动了物流信息化和透明化，为全球经济的发展提供了更加稳定和可靠的支持。

3. 当前形势下物流科技发展的机遇与挑战

当前形势下，物流科技发展面临着诸多机遇和挑战。全球化进程的不断加快为物流行业带来了发展机遇，同时，新技术的不断涌现也给物流行业带来了巨大的挑战。

（1）物流科技发展得到的机遇。随着互联网、大数据、人工智能等新技术的快速发展，物流行业迎来了数字化、智慧化转型的机遇。物流科技的发展为物流企业提供了更多高效、智能的解决方案，帮助企业降低成本、提高效率。同时，物流科技的发展也为物流行业带来了更多的商业机会，例如物流大数据分析、智能仓储系统等，这些都为物流企业提供了更多的发展空间。

（2）物流科技发展所面临的挑战也是不容忽视的。一方面，新技术的快速涌现造成了市场竞争的加剧，物流企业需要不断升级自身的技术设备和管理模式，以应对激烈的市场竞争。另一方面，物流科技的发展也给传统物流企业带来了巨大的变革压力，如何平衡传统业务和新技术的发展成为许多物流企业面临的难题。

（二）世界各国物流科技发展特点

1. 中国物流科技发展的特点

中国作为全球最大的电子商务市场之一，其物流科技发展迅猛。近年来，中国的物流科技在智能化、服务化和国际化方面取得了显著进展。物流科技作为支撑物流行业发展的重要力量，其发展特点主要体现在以下几个方面。

（1）智能化

随着感知、云计算、物联网等技术的广泛应用，中国物流行业已经实现了多方面的智能化。根据中商产业研究院发布的《2024—2029 年中国智慧物流市场调查与行业前景预测专题研究报告》，2023 年中国智慧物流行业市场规模约为 7903 亿元，较上年增长 12.98%，预计 2024 年将达到 8546 亿元。

自动化仓储、智能分拣等技术的应用已成为物流企业的标配。京东物流的自动化仓库中，机器人和 AGV 自动导引车的应用使得仓库内货物的自动搬运、分类和存储效率大幅提升；京东物流在快递小哥配送方面也采用了智能化解决方案，通过 App、导航和人像识别等技术手段，让快递员能够更快速、准确地找到配送地址，提高了配送效率。此外，日日顺供应链的 5G 大件智慧物流园区内，龙门拣选机器人、AGV 智能搬运机器人等多种智能设备的应用使得仓库实现了全自动无人作业。同时，通过 5G+北斗定位等技术高精度定位，实现动态的亚米级车辆轨迹跟踪，精度可以达到 0.5 米以内，实现了车辆在园区的全生命周期管理。

据有关数据，2023 年中国物流科技共发生 34 起融资，融资总额约为 36.4 亿元。这表明物流科技领域受到了资本市场的青睐，投资活跃。其中，智能物流领域的融资事件数量最多，达到了 9 起，占总融资事件的 25%。这进一步说明了智能化是中国物流科技发展的重要方向。随着 5G、物联网、大数据等技术的不断发展，中国物流科技的智能化程度将进一步提升。预计未来几年内，物流行业将实现更高程度的自动化、智能化和数字化。

（2）服务化

随着信息技术的不断发展，我国物流科技日益实现以客户需求为导向的物流服务。物流科技的首要任务是深入了解和识别客户的需求。这不仅仅是通过简单的沟通来获取信息，更多的是通过先进的数据分析工具和技术手段来挖掘客户的潜在需求。通过大数据和人工智能技术，物流企业可以分析客户的购买历史、消费偏好、运输习惯等信息，从而准确把握客户的个性化需求。京东物流通过大数据分析，发现某一类客户对生鲜产品的配送时效性要求极高。于是针对这类客户推出了"211 限时达"服务，即下单后两天内送达，甚至部分城市实现了当日达或次日达。在了解客户需求的过程中，物流科技还注重实时性和动态性。客户的需求可能随着市场变化、季节更替、促销活动等因素而发生变化，因此物流企业需要借助实时数据分析的工具，及时捕捉这些变化，并作出相应的调整。

在了解并识别客户需求的基础上，物流科技的发展已实现为客户提供定制化的物流服务。通过先进的物流管理系统，物流企业可以根据客户的订单信息、产品特性、销售渠道等因素，自动化地生成最优的物流方案。这些方案包括运输方式的选择、运输路线的规划、配送时间的安排等。通过应用物联网技术、自动化设备和机器人等，物流企业可以实现对仓库的自动化管理，提高仓储效率和准确性。同时，物流企业还可以根据客户的库存需求，提供个性化的库存管理方案，如安全库存设置、库存预警等。顺丰速运有限公司（简称顺丰速运）为企业客户提供"顺丰车厂"服务，根据企业的具体物流需求，定制专属的运输和配送方案，有效提高了企业的物流效率。顺丰车厂服务推出后，已成功为超过1000家中大型企业提供了定制化物流服务，帮助企业平均降低了15%的物流成本。

中国的物流科技企业在技术创新方面取得了显著的成就，不断推出新产品、新技术，不断提升自身的竞争力。一些企业在物流大数据、人工智能、区块链等领域取得了突破性进展，提供如代收货款、验货、安装等增值服务，满足客户在物流过程中的各种需求，为物流行业的发展注入了新的活力。例如，达达作为本地即时配送平台，通过分析客户的配送历史和偏好，为经常需要加急配送的客户提供了"达达快送"服务，确保在最短时间内将商品送达。

（3）国际化

中国物流科技在国际市场上展现出广泛的布局和深入的应用。以阿里巴巴旗下的物流平台菜鸟网络为例，它已经在全球范围内建立了庞大的物流网络，覆盖了200多个国家和地区。菜鸟网络通过先进的物流管理系统和智能算法，为全球商家提供高效、便捷的物流服务。此外，京东物流也在全球范围内设立了多个海外仓库，如德国、美国等地，通过利用自动化设备和机器人等技术，大大提高了海外仓库的存储和配送效率。这些实例表明，中国物流科技已经具备了在全球范围内提供高质量物流服务的能力。据统计，中国跨境电商进出口总额在近年来持续增长。根据中国海关总署发布的数据，2023 年上半年，我国跨境电商进出口总额达 1.1 万亿元，同比增长 16%。这一数据充分展示了中国物流科技在国际市场上的强劲发展势头。随着互联网、大数据、人工智能等技术与物流行业的深度融合，物流与电商、制造、金融等行业的边界逐渐模糊，形成了物流科技与其他行业的融合发展格局。这种融合发展不仅促进了各行业之间的互联互通，也为物流行业带来了更多的发展机遇。

中国物流科技在提升国际物流服务效率与质量方面发挥了重要作用。以京东物流为例，其通过引入料箱机器人等先进技术，将德国多特蒙德附近的海外仓库存储能力提升约 3 倍，拣货效率提高三四倍，每日可处理逆向订单超 2 万件，相较于本地同业速率提升 3 倍。这种高效、准确的物流服务，不仅提高了客户满意度，也为中国物流企业赢得了良好的国际声誉。此外，中国物流企业还积极与国际物流公司合作，共同提升国际物流服务效率与质量。例如，顺丰速运与国际知名物流公司 UPS 合作，共同推出国际快递服务，实现了全球范围内的快速配送。这种合作模式，不仅扩大了中国物流企业的国际影响力，还为中国物流科技的国际化发展提供了有力支持。

面对国际物流环境的复杂性和多样性，中国物流科技展现出了强大的创新与实践能力。例如，在应对不同国家的物流法律、标准和文化差异方面，中国物流企业通过加强与国际物流组织的合作，积极参与国际物流标准的制定和推广，也在环保和可持续发展方面进行了积极探索，提高了中国物流科技在国际市场上的适应性和竞争力。例如，中通快递股份有限公司（简称中通快递）推出了绿色包装解决方案，采用可降解材料制作快递包装，减少了环境污染；顺丰速运则推出了电动货车等环保运输工具，降低了碳排放量。这些创新实践，不仅提升了中国物流科技的品牌形象，还为全球物流业的可持续发展贡献了中国智慧和方案。

2. 美国物流科技发展的特点

（1）物流科技注重创新和高效

在物流管理和技术应用方面，美国始终处于全球领先地位。例如，美国的物流企业广泛采用大数据、云计算、物联网等先进技术，通过实时追踪、智能调度、精确预测等手段，极大地提高了物流效率和服务质量。这种对创新的追求和高效模式的应用，使得美国物流科技在全球范围内保持了竞争优势。许多全球知名的物流科技公司如亚马逊、FedEx 和 UPS 都源自美国，它们不断引入新技术和智慧化设备，以提高物流效率和降低成本。如美国国家运输交易场 NET 就是一个电子化的运输市场，它利用 Internet 技术，为货主、第三方物流公司、运输商提供一个可委托交易的网络，目前，美国联邦快递、UPS 等已将自己的触角延伸到世界各国。

（2）政府和企业对物流科技的投资力度大

美国政府和企业对物流科技的投资力度非常大，这也是美国物流科技得以快速发展的重要原因。美国政府通过加大对交通基础设施的投资力度，如修建高速公路、铁路和港口等，提升了物流运输的效率和准确性。同时，政府还鼓励私人资本投资兴建现代化的仓储设施，提高仓储能力和效率。

在企业层面，美国的物流企业也积极投入研发资金，推动物流科技的创新和应用。例如，美国著名的联邦快递公司，对货物配置通过电子信息进行动态跟踪和信息自动处理；亚马逊公司（简称亚马逊，Amazon）作为电子商务巨头，其物流系统采用了大量自动化设备和机器人技术，实现了快速、准确的配送服务。这种对物流科技的投入和研发，不仅提升了企业的物流效率和服务质量，还推动了整个物流行业的科技进步；零售业巨头沃尔玛公司在美国本土已建立了 62 个配送中心，整个公司销售商品的85% 都由这些配送中心供应，其配送中心的平均面积约 $100000m^2$，相当于23 个足球场，全部实现自动化作业。

（3）专业人才储备丰富

美国物流科技发展的另一个重要特点是专业人才储备丰富。美国拥有众多提供物流专业教育的大学和学院，这些机构为物流行业培养了大量专业人才。根据美国物流管理协会（Council of Logistics Management，CLM）的数据，美国有超过 400 所高等教育机构提供物流相关课程。这些资源为美国培养了大量优秀的物流专业人才，为物流科技的发展提供了有力的人才保障。据统计，美国物流管理者大约 92% 的人有学士学位，41% 的人有硕士学位，22%的人有正式的资格证书。具体的专业结构为：本科毕业生的专业及结构分别为物流12%、商科52%、工程23%、其他专业13%；研究生毕业的从业人员的专业及结构分别为物流13%、商科73%、工程12%、其他专业2%。经过几十年物流产业发展，美国已经形成学历教育和培训教育相结合的物流人才教育体系。

除学历外，许多物流从业者还通过获取专业资格认证来提升自己的竞争力。例如，美国物流管理协会提供的认证，包括注册物流经理（Register Logistics Management，RLM）和注册供应链管理专家（Certified Supply Chain Professional，CSCP）等。这些认证为从业者提供了行业认可的专业标准。此外，美国物流商科背景的专业人才占比最高，达到52%，然后是工程背景的专业人才，占比23%。这种多元化的专业结构为物流行业提供了全面的技术支持和解决方案。随着物流科技的不断发展，数据分析在物流行业中的应用越来越广泛。因此，具备数据分析能力的专业人才在物流行业中备受欢迎。许多美国物流企业都设立了专门的数据分析部门，以支持企业的决策和优化。

（4）物流科技的广泛应用和普及

无论是大型企业还是中小型企业，都积极采用先进的物流科技来提升自己的竞争力。这种科技广泛的应用和普及，不仅推动了美国物流科技的快速发展，还促进了美国物流行业的整体进步。

以物联网技术为例，美国物流企业广泛应用物联网技术进行货物跟踪、库存管理以及运输规划等。这种技术的应用使得物流过程更加透明化、可视化，提高了整个物流系统的效率和可靠性。亚马逊通过在仓库中使用无线射频识别（RFID）标签和传感器，能够实时追踪货物状态，优化库存管理，确保货物快速准确地到达客户手中。物联网技术的应用使亚马逊物流效率提高了30%以上，配送时间缩短了约20%。联邦快递也在其分拣中心使用了自动化分拣系统，通过机器学习和人工智能技术，该系统能够自动识别和分类包裹，提高了分拣的准确性和效率。同时，物联网技术还为企业提供了更多的数据支持和分析工具，帮助企业更好地优化物流流程和提高物流效率。UPS利用大数据技术对其全球物流网络进行优化。通过分析历史数据和实时数据，UPS 能够预测包裹的流量和流向，从而提前规划运输路线和资源配置，确保包裹能够准时送达。通过应用大数据技术，UPS 成功降低了其运输成本约 10%，并提高了运输效率约 20%。

3. 欧洲物流科技发展的特点

欧洲作为世界上物流科技发展最为先进的地区之一，其在物流科技领域的特点体现在以下四个方面。

（1）各国广泛的合作与交流

在欧洲物流科技发展中，欧洲各国政府、物流企业和研究机构之间建立了紧密的合作关系，共同推动了物流科技的进步。例如，欧盟在促进欧洲统一市场形成的过程中，制定和推行了统一的贸易政策、运输政策等，为物流科技的发展提供了良好的制度环境。同时，欧洲各国政府还通过签署合作协议、举办国际物流会议等方式，加强与国际物流组织和企业的交流与合作，引进先进的物流科技和管理经验。欧洲物流协会组织定期发布物流产业发展报告，跟踪和分析整个欧洲物流产业的发展状况。这些报告不仅为物流企业提供了重要的市场信息和趋势分析，还促进了物流科技领域的合作与交流。

（2）注重环保和可持续发展

随着全球环保意识的提高，欧洲物流企业纷纷将环保和可持续发展理念融入物流科技的应用中。许多欧洲国家积极推动清洁能源和智能物流系统的应用，以减少对环境的影响，提高物流效率。例如，全球领先的物流服务提供商 DHL（敦豪）致力于通过绿色运输减少碳排放，采用电动和氢燃料电池车辆来替代传统的柴油车辆，从而降低运输过程中的碳排放量。作为欧洲领先的跨境物流平台，Seven Senders 注重在包装环节实现环保，推广使用可回收、可降解的包装材料，减少一次性塑料的使用。

这种环保理念贯穿于整个欧洲物流体系的发展过程中，不仅在技术创新上有所体现，在政策和法规的制定上也得到了充分的重视。欧洲多国政府制定了严格的环保法规和政策，推动物流行业向低碳、绿色方向发展。例如，欧盟的"绿色新政"中明确提出了减少物流行业碳排放的目标。欧洲各国在减少碳排放、提高能源利用效率等方面取得了显著成就，为全球物流科技发展树立了榜样。

（3）第三方物流市场成熟

欧洲第三方物流市场历史悠久，拥有众多专业的第三方物流企业。这些企业凭借丰富的经验和专业的技术，为制造商、零售商等提供全方位的物流服务。同时，欧洲第三方物流企业在全球范围内拥有广泛的物流网络和服务体系，能够为客户提供更加高效、便捷的物流服务。根据智研咨询发布的《2023 年第三方物流行业报告》，2022 年欧洲第三方物流行业市场规模达到了数万亿欧元，同比增长率保持在稳定水平。这表明第三方物流在欧洲物流市场中的地位日益稳固，并持续吸引更多的资本和人才进入。

欧洲第三方物流行业市场规模的年复合增长率达到了约 5%，市场规模已经超过数千亿欧元。这些数据的增长，不仅反映了欧洲第三方物流市场的成熟和繁荣，也展示了欧洲物流科技在全球物流行业中的领先地位。尤其在英国，普遍认为第三方物流市场有一定成熟程度。欧洲目前使用第三方物流服务的比例约为 76%，美国约为 58%，且需求仍在增长。研究表明，欧洲 24% 的非第三方物流服务用户正积极考虑使用第三方物流服务；欧洲 62% 的第三方物流服务用户认为他们有可能在三年内更多地使用第三方物流服务。

第三方物流市场的成熟还体现在数字化转型和技术创新方面。Kuehne+Nagel 是欧洲领先的数字化第三方物流企业之一。该公司通过引入人工智能、大数据和物联网等先进技术，实现了物流信息的实时共享和追踪，提高了物流运作的透明度和效率。此外，Kuehne+Nagel 还推出了智能仓储管理系统和自动化分拣系统等创新产品，进一步提升了其物流服务的质量和竞争力。

（4）物流科技与供应链的深度融合

物流科技与供应链的深度融合，已经成为欧洲物流行业发展的重要趋势。这种融合不仅极大地提升了供应链的效率和可靠性，也为欧洲企业带来了前所未有的竞争优势。作为全球领先的物流服务提供商，DHL 一直致力于通过技术创新推动供应链的智能化和高效化。物联网技术的广泛应用是 DHL 实现这一目标的关键。通过在运输车辆、货物包装和仓储设施中嵌入传感器和 RFID 标签，DHL 能够实时追踪货物的位置和状态，确保供应链的透明度和可追溯性。另外，马士基（Maersk）作为全球最大的集装箱航运公司之一，其在供应链管理和物流科技方面的创新同样引人注目。马士基通过引入区块链技术，实现了供应链的透明化和安全化。区块链技术具有去中心化、不可篡改和可追溯等特点，能够确保供应链中的信息真实可信。马士基利用区块链技术，建立了一个全球范围内的供应链信息平台，实现了与供应商、客户和合作伙伴之间的信息共享和协同工作。这使得马士基能够更加准确地掌握供应链的实时状态，及时发现和解决问题，从而提高了供应链的可靠性和稳定性。

物流科技与供应链技术的深度融合，为欧洲物流行业带来了前所未有的发展机遇。通过引入物联网、大数据、人工智能和区块链等先进技术，欧洲物流企业实现了对供应链的全面优化和智能管理，提高了供应链的效率和可靠性，降低了物流成本，提升了客户满意度。这种深度融合的趋势将继续推动欧洲物流行业的创新和发展。

4. 日本物流科技发展的特点

（1）高度信息化与智能化

日本物流科技的发展以信息技术为核心，实现了物流信息的快速传递和处理。通过采用先进的物流信息系统，如电子数据交换系统、全球定位系统（Global Positioning System，GPS）等，企业能够实时追踪货物位置、优化运输路线、提高物流效率。借助物联网、大数据、人工智能等先进技术，日本物流企业实现了对供应链的智能化管理。以日本邮政为例，其通过引入先进的物流信息系统，实现了对全国范围内的邮件和包裹进行实时追踪和查询，大大提高了物流服务的准确性和效率。据统计，日本邮政的信息化覆盖率达到了 95% 以上，有效降低了物流成本和提高了客户满意度。

此外，日本物流企业还注重智能化管理。例如，日本最大的综合物流服务商——日本通运（Nippon Express）利用 AI 技术预测物流需求，优化库存管理和配送计划。该公司开发的智能物流系统能够根据历史数据和实时信息，自动调整运输路线和配送时间，以最大限度地提高物流效率。这些技术的应用使得日本物流行业在信息化和智能化方面走在了世界前列。日本的物流机器人公司 Fanuc Corporation 以其领先的机器人技术在全球范围内享有盛誉。该公司的自动化仓储系统和智能物流解决方案，不仅提高了物流效率，还为日本物流业的数字化转型注入了新的动力。

（2）物流配送化与社会化

物流配送已成为日本现代物流的基本流通模式。日本物流企业注重提高物流配送的效率和准确性，通过优化配送网络、引入先进的配送设备和技术等手段，实现了快速、准确的配送服务。例如，日本宅急便（Yamato Transport）以其高效的配送服务和广泛的网络覆盖而闻名于世。该公司通过引入自动化分拣系统和配送车辆，实现了对大量邮件和包裹的快速处理和准确配送。据统计，日本宅急便的配送准确率高达 99.9% 以上，赢得了客户的广泛信赖。

此外，日本物流配送的社会化程度也较高。许多企业选择将物流业务交给专业的第三方物流企业来处理，以实现资源的优化配置和成本的降低。例如，日本电子产品制造商索尼（Sony）将其物流业务全部交给了日本邮政和日本通运等专业的物流企业来处理，从而提高了物流效率并降低了物流成本。

（3）物流网络化与国际化

日本物流网络化发展迅速，包括物流配送系统的电子商务网络和物流组织的网络化。通过建立完善的物流网络，企业能够实现全国乃至全球范围内的快速配送和资源共享。例如，日本通运在日本设有众多网点，并在海外多个国家设有分支机构，形成了一个庞大的物流网络。这个网络使得日本通运能够为客户提供全球化的物流服务，满足了客户对跨国运输和配送的需求。

此外，日本物流企业还注重与国际物流企业的合作与交流。日本物流企业通过与国际知名物流企业建立战略合作关系，共同开发国际物流市场，推动了物流产业的国际化发展。这种国际合作不仅提高了日本物流企业的国际竞争力，还促进了全球物流产业的繁荣与发展。

（4）注重环保与精益管理

环保与可持续发展是日本物流科技发展的重要方向之一。日本物流企业注重环保技术的研发和应用，致力于降低物流活动对环境的影响。例如，日本邮政在运输过程中积极推广使用电动和氢燃料电池车辆等清洁能源车辆，以减少碳排放和空气污染。同时，他们还采用可回收、可降解的包装材料来减少包装废弃物的产生。

此外，日本在物流科技领域注重细节和精益管理，致力于提高物流效率和服务质量。日本企业在物流管理中注重每一个环节的细节，从生产到配送，力求做到精益求精。这种对细节的关注使得日本企业能够更好地掌握整个物流链条，从而提高效率、降低成本并确保产品的高质量。日本企业不断引入先进的技术和设备，积极探索新的物流模式和方法，以应对不断变化的市场需求。通过不断创新，日本企业能够不断提升物流效率和服务质量，保持在全球物流领域的领先地位。

（三）地域差异对物流科技发展的影响

地域差异对物流科技的发展产生了深远的影响，主要表现在文化差异、经济发展水平和政策法规等方面。

1. 文化差异对物流科技的影响

不同地区拥有独特的文化传统和价值取向，这些特质在很大程度上影响了各地对物流科技的接受度和应用模式。例如，一些地区可能更重视集体主义，倾向于采用集中化的物流管理模式，而另一些地区则可能更偏好个人主义，倾向于灵活和创新的物流技术解决方案。

在探讨物流科技的发展时，价值观这一深层次的文化因素所起到的关键作用往往容易被忽视。价值观是一个个体、一个民族乃至一个社会的精神支柱，它们在很大程度上决定了一个国家或地区的发展方向、速度和质量。放眼物流科技这一具体领域在全球范围的发展，价值观的影响自然深远。

价值观是塑造社会行为和形成发展趋势的无形力量，对于物流科技的进步同样发挥着不可或缺的引导作用。在一个以创新和进步为核心价值观的社会环境中，物流科技不仅会受到更多的关注和支持，而且会成为推动社会变革的重要力量。在这样的价值观引导下，企业和研究机构愿意投入更多的资源进行技术研发，不断突破传统物流模式的限制，以更加高效、智能的方式满足市场需求，进而推动整个物流行业的升级和变革。同时，如果社会普遍认同可持续发展的价值观，那么物流科技的发展路径也将发生深刻变化。这种价值观会促使物流科技企业更加注重环保、节能和效率，在追求经济效益的同时，不忘承担社会责任。例如，绿色物流、智能物流等概念将在这个过程中得到更广泛的推广和应用，通过技术创新和模式创新，实现物流行业的绿色转型，为社会的可持续发展贡献力量。此外，强调社会责任的价值观也会对物流科技企业产生深远影响。这种价值观会促使企业更加注重自身的社会影响，不仅关注自身的经济利益，还积极参与公益活动，推动社会公平和正义。这种以社会责任为导向的发展模式，不仅有助于提升企业的社会形象和品牌价值，还有助于营造更加和谐、公正的社会环境，为物流科技的健康发展提供有力保障。

习俗是人们生活中的一种传统习惯，不同地域的习俗差异也会对物流科技的实践和应用方式产生影响。例如，在一些注重礼仪和传统的地域，物流科技的应用可能更加注重规范性和仪式感。而在一些更加注重实用性和效率的地域，物流科技则可能更加注重实用性和便捷性。这种习俗差异不仅影响物流科技的应用方式，也决定了物流行业的服务质量和用户体验。我国作为一个拥有悠久历史和丰富文化的国家，文化传统对物流科技发展产生了深远影响。我国物流行业更加注重团队协作和统一标准，物流企业在服务质量和信誉方面更加注重自我约束和提升。此外，我国的农历新年等传统节日也会对物流科技的应用产生影响，如春节期间的物流量激增需要物流企业提前规划和做好技术准备。

2. 经济发展水平对物流科技的影响

经济发展水平不仅决定了物流科技的投资规模、技术应用水平，还影响了物流行业的市场需求、产业结构以及创新环境。

经济发展水平较高的国家或地区，在物流科技领域的投入和成果均呈现出显著的优势。据统计，美国物流行业每年的研发投入占行业总产值的比例高达 3%~5%，其中不乏对自动化仓库、智能分拣系统、无人驾驶车辆等前沿技术的深入研究和应用。以亚马逊为例，其在美国的物流网络中广泛应用了自动化仓库和智能分拣系统，使得订单处理速度提升了数倍，同时也大大降低了人力成本。此外，美国物流行业还广泛采用了无人驾驶车辆进行货物配送，这不仅提高了配送效率，还降低了发生交通事故的风险。这些技术的应用，不仅提高了物流效率和服务质量，也为物流企业带来了显著的经济效益。据美国物流协会的数据，通过应用自动化仓库和智能分拣系统，美国物流企业的运营成本降低了约 20%，同时客户满意度也得到了大幅提升。这些优势进一步促进了欧美发达国家物流科技的持续发展，形成了良性循环。相比之下，经济发展水平较低的国家或地区，如非洲和亚洲的一些发展中国家，物流科技的发展相对滞后。这些地区的物流企业往往面临资金短缺和技术水平有限的困境，难以引进和应用先进的物流技术。据统计，这些地区的物流企业每年的研发投入仅占行业总产值的 1%~2%，且主要集中在基础设施建设和传统物流模式的改进上。这种投入和技术水平的差异，使得这些地区的物流效率和服务质量相对较低，难以满足日益增长的市场需求。

经济发展水平差异对物流市场需求和产业结构的影响在不同国家或地区表现得尤为明显。德国作为欧洲的经济强国，其消费者需求多样化且个性化趋势明显。因此，德国的物流行业必须满足这些高标准和多样化的需求，提供高效、精准的物流服务。据统计，德国物流行业的智能化投资占比逐年上升，智能仓库和自动化分拣系统的应用已经相当普及。为了满足个性化需求，德国物流企业还大量采用定制化的物流解决方案，如个性化配送时间、定制化包装等。这种市场需求推动了德国物流科技在智能化、个性化方向上的快速发展。与此相比，我国虽然近年来物流行业迅速发展，但基础设施建设和产业升级的需求仍然旺盛。因此，我国物流行业在扩大物流网络覆盖面、提升基础物流服务方面投入了大量资源。例如，近年来我国大力推广的"农村电商+物流"模式和应用智能分拣系统、无人驾驶车辆等技术，大大提高了分拣效率和配送速度，就是为了满足农村地区对物流服务的需求，提升基础物流服务水平。

经济发展水平还影响了物流科技的创新环境。在发达国家，由于教育体系完善、人才资源丰富、创新氛围浓厚，物流科技企业往往能够吸引更多的高素质人才和创新资源，推动技术创新和产业升级。而在发展中国家，由于人才短缺、创新氛围不够浓厚等，其物流科技的创新可能面临一定的挑战。然而，这也为发展中国家提供了后来居上的机会，这些国家通过加强与国际先进企业的合作与交流，引进和消化先进技术，不断提升自身的创新能力。

3. 政策法规对物流科技的影响

物流科技作为现代经济的重要组成部分，其发展不仅受到经济、文化等多方面因素的影响，更受到政策、法律规定的深刻制约与引导。随着全球化的深入发展，物流科技作为连接世界的关键纽带，其发展受到不同国家或地区法律规定的深刻影响。由于政治、经济、文化等多方面的差异，各国或地区的法律规定呈现出多样性的特点，这些差异不仅影响了物流科技的应用模式、创新速度，还决定了物流行业的国际竞争力。

不同国家或地区的法律规定差异导致了物流科技应用模式的多样化。以欧盟和美国为例，欧盟对数据保护和隐私权的法律规定较为严格，如《通用数据保护条例》要求物流科技企业在处理用户数据时必须严格遵守相关规定，否则将面临高额罚款。这促使欧盟地区的物流科技企业更加注重数据安全和隐私保护技术的研发和应用。而美国则通过《美国隐私法案》等法律，加强了对个人隐私的保护，同时也鼓励了物流科技企业在保护隐私的前提下进行技术创新。由于对隐私权保护的法律要求较为严格，欧美国家的物流科技企业在应用大数据、人工智能等技术时，需要更加注重用户隐私的保护，这推动了物流科技在这些地区更加注重数据安全和隐私合规。而在一些发展中国家，由于法律规定相对宽松，物流科技企业可能会更加灵活地应用新技术，以满足快速增长的市场需求。

法律规定差异也导致了物流科技创新速度的差异化。在一些法律环境较为宽松、知识产权保护制度较为完善的国家或地区，如美国、欧洲等，物流科技企业往往更愿意投入资源进行技术研发和创新，因为这些地区的法律规定能够为它们的创新成果提供有力的保护。而在一些法律环境较为复杂、知识产权保护薄弱的地区，物流科技创新可能会受到一定的限制和阻碍，影响创新的速度和深度。

不同国家或地区的法律规定差异还影响了物流科技的国际竞争力。一方面，一些国家或地区通过制定更加严格、完善的法律规定，推动了物流科技行业的规范化、标准化发展，提高了整体竞争力。另一方面，一些国家或地区由于法律规定较为宽松，可能存在着一些不合规、不规范的行为，这虽然短期内可能带来一定的竞争优势，但长期来看，不利于行业的健康发展。在全球化的背景下，跨国物流合作日益频繁。不同国家或地区的法律规定差异可能对跨国物流合作产生一定的影响。例如，在跨境电商、国际货物运输等领域，不同国家或地区的法律规定可能存在差异，这可能导致物流科技企业在进行跨国合作时面临一定的法律风险和合规挑战。因此，物流科技企业需要充分了解并遵守各国或地区的法律规定，加强跨国合作中的法律风险防范和合规管理。

第三章 国际物流科技的典型案例与启示

一、亚马逊跨境物流网络与技术

（一）亚马逊

亚马逊是全球最大的电子商务和云计算公司之一，总部位于美国华盛顿州的西雅图。亚马逊成立于1994年，最初是一家在线书店，随后逐渐扩展业务范围，目前销售各种商品，包括电子产品、家居用品、服装、食品等。

2021年4月，波士顿咨询公司（Boston Consulting Group，BCG）发表了世界上最革新的公司排名，亚马逊排在第3位。亚马逊和其他经销商经营的产品包括图书、电影、音乐和游戏、数字下载、电子和计算机、家庭园艺用品、婴幼儿用品、食品、服装、鞋类和珠宝、健康和个人护理用品、体育和户外用品、玩具、汽车和工业产品等数百万种独特的新、更新和二手商品。

总体来说，亚马逊经历了三个转变。第一次转变的是"地球上最大的书店"（1994年到1997年5月）。杰夫·贝索斯退出金融服务公司 D. E. Shaw，决定成立网络书店。其中的书籍是最普通的商品，标准化程度非常高，当时美国的书籍市场规模很大，适合创业，经过约1年的准备期，亚马逊的网站于1995年7月正式上线。为了与当时的大型离线图书公司 Barnes & Noble、Border 竞争，他将亚马逊定位为"地球上最大的书店"。为了达成这个目标，亚马逊采用了大规模的扩张战略，以巨额损失交换了营业规模。经过快跑，亚马逊从在线网站到上市公司不到两年。1997 年 5 月，当 Barnes & Noble 开展网上购物时，亚马逊在图书网络零售市场上确立了巨大的优势。之后，亚马逊和 Barnes & Noble 经过几次交战，最终完全确立了自己网上最大的书店地位。

第二次转变是最大的综合网络零售商（1997 年 6 月至 2001 年）。与实体店相比，网络零售的重要优势在于能为消费者提供更丰富的商品选择，扩增网站的品种，构建综合电子商务，所以日程规模效应成为亚马逊的战略考虑。1997 年 6 月，亚马逊的音乐商店正式上线，仅一季度亚马逊的音乐商店销售额就超过了 CDnow，成为最大的网络音乐产品零售商。之后，亚马逊继续品种扩增和国际扩张，到了 2000 年，亚马逊的宣传口号变成了最大的网络零售商（The Internet's No. 1 Retailer）。

第三次转变是成为"以顾客为中心的企业"（2001 年至现在）。从 2001 年开始，除宣传自己是最大的网络零售商之外，亚马逊还确立了"以顾客为中心的公司（The World's Most Customer-centric Company）"的努力目标。之后，以顾客为中心的服务型企业的构筑成为亚马逊的发展方向。因此，亚马逊从 2001 年开始大规模普及第三方开放平台，2002 年推出亚马逊云服务（Amazon Web Serrices，AWS），2005 年推出 Prime 会员服务，2007 年开始向第三方卖家提供服务外包物流服务（由 Fulfillment By Amazon 负责），2010 年 KDP 的前身——自主数字出版平台 Digital Text Platform（DTP）发售。亚马逊慢慢发展了这些服务，超越了网络零售商的范畴，成为综合服务提供商。

亚马逊的成功在于其强大的电子商务平台和创新的物流系统。亚马逊的电子商务平台提供了一个方便、安全和可靠的购物环境，顾客可以通过亚马逊的网站或移动应用程序浏览和购买商品。亚马逊的电子商务平台也为第三方卖家提供了一个销售渠道，他们可以在亚马逊上开设店铺并销售自己的产品。

（二）亚马逊物流

亚马逊物流（FBA）英文全称为 Fulfillment By Amazon，是指卖家将商品批量发送至亚马逊运营中心之后，由亚马逊帮助卖家存储商品；当商品售出后，由亚马逊完成订单分拣、包装和配送，并为这些商品提供买家咨询、退货等客户服务，帮助卖家节省人力、物力和财力（见图3-1）。

亚马逊物流是亚马逊的物流和配送部门，负责处理商品的仓储、包装和运输。亚马逊物流拥有全球范围的仓库和物流网络，使得亚马逊能够快速、高效地将商品送达顾客。在FBA服务中，卖家将商品送至亚马逊的仓库，亚马逊负责存储、包装和配送商品，同时提供与商品相关的客户服务和处理退货事务。这使得卖家能够将物流和配送的工作交给亚马逊，从而节省时间和精力，专注于销售和推广自己的产品。

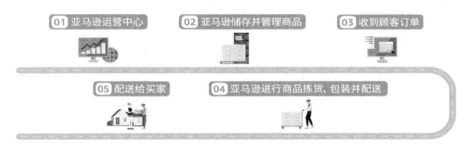

图3-1　亚马逊物流全部流程

亚马逊物流的仓库和物流网络经过精心规划和优化，以确保商品能够快速、准确地送达顾客。亚马逊采用先进的仓库管理系统和自动化设备，如机器人和自动拣货系统，提高了仓库的效率和准确性。亚马逊还通过与各大物流公司合作，如UPS、FedEx等，扩展了其物流网络，实现了全球范围的配送服务。

亚马逊物流通过建立全球范围的仓库和物流网络，为顾客提供快速、可靠的配送服务，并为卖家提供强大的物流支持。亚马逊物流的核心服务包括以下几个方面。

1. 仓储服务：亚马逊物流拥有全球范围的仓库网络，可以存储卖家的商品。卖家将商品送至亚马逊的仓库后，亚马逊物流将负责存储、管理和保护商品。亚马逊物流的仓库采用先进的仓储管理系统和自动化设备，如机器人和自动拣货系统，以提高仓库的效率和准确性。

2. 包装服务：亚马逊物流负责对商品进行包装，以确保商品在运输过程中的安全和完整。亚马逊物流会根据商品的属性和尺寸，采取适当的包装方式，并标记商品的相关信息，如商品名称、SKU 等。

3. 配送服务：亚马逊物流通过与各大物流公司合作，如 UPS、FedEx 等，建立了全球范围的配送网络。亚马逊物流负责将商品从仓库送达顾客的门口，提供快速、准确的配送服务。亚马逊物流还提供了一些特殊的配送服务，如亚马逊 Prime 会员的快速配送和亚马逊配送（Amazon Flex）服务。

4. 退货处理：亚马逊物流也负责处理商品的退货事务。顾客可以通过亚马逊平台发起退货申请，亚马逊物流将负责处理退货的物流和退款事宜，确保顾客能够便捷地退货并获得相应的退款。

亚马逊物流还提供了一些额外的服务，如亚马逊配送和亚马逊物流全球加速器（Amazon Global Accelerator）。亚马逊配送是一项灵活的配送服务，通过与独立承包商合作，提供快速的同日或次日配送服务。亚马逊物流全球加速器则是一项全球物流方案，帮助卖家将商品从一个国家运送到另一个国家，简化了国际物流流程。

亚马逊物流的优势在于其强大的物流基础设施和高效的运营能力。通过整合仓储、包装和配送等环节，亚马逊能够提供快速、可靠的物流服务，满足顾客对于快速配送的需求。亚马逊物流的规模和覆盖范围也使得卖家能够将商品迅速送达全球各地，扩大销售市场。此外，亚马逊物流还通过不断创新和技术投资，提升物流效率和顾客体验感，不断推动物流行业的发展。

总体而言，亚马逊以其强大的电子商务平台和创新的物流系统在全球范围内取得了巨大的成功。亚马逊物流作为其物流和配送部门，通过高效的仓储、包装和配送服务，为顾客提供了便捷的购物体验，同时为卖家提供了强大的物流支持，促进了电子商务的发展。

（三）亚马逊物流科技

亚马逊物流在物流行业中确实采用了一些创新的黑科技，以下是五个例子。

1. 机器人仓储系统：亚马逊物流在仓库中广泛使用机器人来处理商品的存储和拣选。这些机器人能够自动移动并将商品从一个位置转移到另一个位置，大大提高了仓库的效率和准确性。机器人系统还能够通过实时数据分析，优化仓库布局和货物存放位置，以提高整体运营效率。

2. 无人机配送：亚马逊物流正在积极研发和测试无人机配送技术。无人机能够快速、灵活地将商品从仓库直接送达顾客的门口，缩短配送时间。亚马逊物流的无人机配送技术还处于试验阶段，但一旦商业化，将给物流行业带来革命性的改变。

3. 人工智能预测：亚马逊物流能够通过大数据和人工智能技术，预测顾客的购买行为和需求趋势。这使得亚马逊物流能够提前准备商品库存，优化仓库布局，以满足未来的需求。这种预测能力有助于减少库存过剩和缺货情况，提高供应链的效率和顾客满意度。

4. 自动驾驶车辆：亚马逊物流也在探索自动驾驶车辆技术，以期提高配送效率和安全性。自动驾驶车辆能够准确地导航和运输商品，减少人为错误和发生交通事故的风险。这项技术的应用将使亚马逊物流能够更快速地将商品送达顾客手中。

5. 区块链技术：亚马逊物流也在研究和应用区块链技术来提高物流的可追溯性和透明度。区块链技术可以记录和验证商品的每一个环节，从生产到配送，确保商品的真实性和安全性。这有助于防止假冒伪劣商品的流通，并提高消费者对亚马逊物流的信任度。

总体而言，亚马逊物流在物流行业中采用了多项黑科技。这些技术的应用提高了物流的效率和准确性，为顾客提供了更好的服务体验，并推动了物流行业的创新和发展。

（四）亚马逊机器人

从 2012 年收购 Kiva 到随后大规模部署机器人，再到发布无人机，亚马逊已经走上了自己的自动化道路，每一步都令人瞩目。

仓库机器人 Kiva 能实现让货找人，将经典串行过程转换为大规模并行处理引擎。但 Kiva 最重要的贡献还是提出了一个全新的导航和控制系统，且价格不贵。Kiva 应用无线系统、制导传感器、嵌入式处理器等廉价电子设备，以及多智能体系统和控制理论领域的新算法，保证 Kiva 机器人的可靠性。将条形码贴纸贴在地板上，为机器人配备摄像头和传感器，Kiva 即可在控制系统引导下直线行驶，避免相互碰撞。

仓库机器人 Pegasus，是一种新型包裹分拣机器人，外观上看，Pegasus 机器人与亚马逊既有的 Kiva 机器人十分类似，外观还是橙色不变，2 英尺高，3 英尺宽，相当于一个大手提箱的大小。Pegasus 机器人更像是对原有 Kiva 机器人的改良版，在原有机器人底座上增加了一个载货平台+皮带传送带，可以对各个包裹进行分类和移动，有助于最大限度地减少包裹损坏并缩短交货时间。Pegasus 机器人可以自主将右侧盒子放在正确的位置。仓库作业人员将包裹扫描完放到 Pegasus 机器人上，Pegasus 机器人载着包裹到指定地点。机器人配备的摄像机可以感知任何意外障碍。到了指定地点，机器人载货平台上的传送带将包裹从机器人上移开，然后包裹沿着滑槽向下移动，准备送出。机器人在大约 2 分钟内完成整个包裹运送过程。

Xanthus 是 Pegasus 继任者，如图 3-2 所示，它可以配备不同的模块，如传送带和堆叠的黄色托特袋，以执行各种任务。作为通用平台，添加 XanthusTote 单元，Xanthus 即可以移动叠加的黄色托特袋，将物品从拣选转移到包装环节。添加 x-drive 单元后，Xanthus 和 Pegasus 一样，可将包裹送到对应邮政编码溜槽。亚马逊可以利用 Xanthus 这两个功能，简化流程，整合履行和分拣中心。

亚马逊机器人不断创新迭代，最初的 Kiva 有 900 多个零件，而 Kiva 继任者的零件数量更少，成本更低，也更易于维护。例如，Pegasus 零件数量只有其约一半；Xanthus 零件数量只有其约三分之一，成本是最初 Kiva 的约一半。这些也使得建立新的履行中心更容易和快速，既不需要一堆传送带，还能显著减少分类错误。

图 3-2 亚马逊机器人 Xanthus

（五）亚马逊云计算（Amazon Web Services，AWS）

AWS 是全球最全面、应用最广泛的云服务，给全球数据中心提供超过 200 项功能齐全的服务。数百万客户（包括增长最快速的初创公司、最大型企业和主要的政府机构）都在使用 AWS 来降低成本、提高敏捷性并加速创新。AWS 所提供的服务包括：亚马逊弹性计算网云（Amazon EC2）、亚马逊简单储存服务（Amazon S3）、亚马逊简单数据库（Amazon SimpleDB）、亚马逊简单队列服务（Amazon Simple Queue Service）以及亚马逊云科技（Amazon CloudFront）等。

从计算、存储和数据库等基础设施技术，到机器学习、人工智能、数据化和分析以及物联网等新兴技术，AWS 提供的服务以及其中的功能比其他任何云服务提供商都要多得多。这使得将现有应用程序迁移到云中并构建你可以想象的几乎任何东西都变得更快、更容易且更具成本效益。

需求量预测在物流行业中至关重要，在目前全球范围内供应链紧张的情况下尤为明显。物流和供应链公司（如从事跨境海运和空运业务的物流公司），能够准确估计物流需求量，有助于有效管理运输网络的成本，从而降低运输费用，实现利润最大化。

　　机器学习模型的性能很大程度上依赖于训练数据的质量。对于物流需求量预测模型，训练数据包括历史物流量和与需求量相关的特征。例如，价格、库存、销售团队人数、市场环境、假期、天气以及宏观经济等都可能会影响物流需求量，因此可以作为模型特征。AWS 机器学习模型使用物流需求量历史数据和其他相关特征进行训练，在推理时用户可以通过对特征的微调来了解特征对模型预测结果的影响。

　　在确定了可以用于模型训练的特征之后，业务人员可以对某些特征进行调控，从而能够观察到特征对模型预测结果的影响。例如，业务人员如果看到未来某个时刻物流需求量的预测值偏低时，可以通过提前调整价格来影响物流需求量。在模型推理时，模型能够将业务人员修正过的特征摄入模型当中，这能让用户更直观地了解这些特征会如何影响模型的预测结果（见图 3-3）。

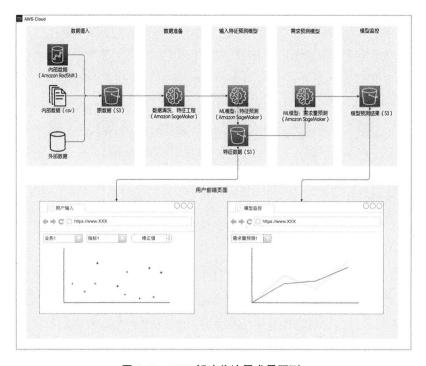

图 3-3　AWS 解决物流需求量预测

二、马士基与智慧物流

（一）马士基

马士基成立于 1904 年，总部位于丹麦哥本哈根。马士基集团旗下的马士基航运是全球最大的集装箱承运公司，服务网络遍及全球。

马士基始终致力于成为真正的集装箱物流综合供应商，通过全球端到端解决方案连接和简化客户供应链，为客户打造轻松便捷的物流体验。马士基能够在客户整个产品周期中帮助其管理货物运输的各个环节，包括内陆服务、报关代理、海运、仓库管理和分销等。

马士基公司概览如图 3-4 所示，其在全球范围内拥有超过 100000 名员工，遍布于 130 个国家或地区的 300 多个办事处和分支机构。这使得马士基能够为客户提供全球范围内的物流解决方案，无论是跨国企业还是中小型企业，都能够从马士基物流的专业服务中受益。其海运服务范围覆盖全球，拥有超过 700 艘集装箱船舶，运营着世界上最大的船队。马士基的陆运和空运服务也同样出色，能够满足客户多样化的运输需求。

图 3-4 马士基公司概览

除传统的运输服务外，马士基还致力于为客户提供全面的供应链管理解决方案。马士基的专业团队能够为客户量身定制供应链方案，帮助客户降低成本、提高效率，并优化整个供应链流程。这些解决方案包括仓储管理、订单管理、运输管理、库存管理等，为客户提供全方位的供应链服务。

近年来，马士基端到端的业务布局动作频繁，一方面通过收购补足货运代理能力短板，另一方面，着力拓展电商供应链及物流服务和新兴市场。2019 年至 2020 年，收购美国清关公司 Vandegrift 和欧洲清关公司 KGH。2020 年收购仓储分拨运营公司 Performance Team。2021 年，马士基收购了美国物流公司 Visible Supply Chain Management、欧洲物流公司 B2CEurope、葡萄牙电商物流企业 HUUB、从事空运的德国货运代理 Senator International 以及 LF Logistics。2022 年，以 17 亿美元成功收购美国全程及跨境物流解决方案提供商 Pilot Freight Services。通过对 Pilot 的收购，马士基将其综合物流服务扩展到其客户供应链的更深处。同时，马士基经营了一家货运航空公司 Star Air，通过扩大货运产品组合，为客户提供航空货运服务。2021 年，马士基租用了三架波音 767-300 改装货机，并从波音公司订购了两架 777 长途货运飞机。

马士基积极投入数字化技术的发展中，通过创新的数字化解决方案，提高物流运输的可见性和透明度，帮助客户更好地管理和控制自己的供应链。这些数字化解决方案包括在线订舱、实时跟踪、智能报关等，可为客户提供更便捷、高效的物流体验。另外，马士基物流一直以来都致力于可持续发展和社会责任，积极推动绿色物流和环保运输的发展。作为一家全球性企业，马士基将可持续发展视为自己的责任，通过减少碳排放、提高能源效率等方式，为全球环境保护作出贡献。

总之，马士基作为全球领先的综合性物流服务提供商，凭借其广泛的全球网络、专业的团队、高效可靠的服务和可持续发展的理念，为客户提供全面的物流解决方案，助力客户实现全球供应链的高效运作。

（二）端到端物流在线平台 Maersk Go

Maersk Go 是一个专门为中小型企业提供一站式全球供应链物流解决方案的数字化平台，其前身是特为（Twill）。2023 年 10 月 1 日，马士基合并 Twill 及其最佳服务转成 Maersk Go，使订舱、跟踪和管理订单变得更加简单。

Twill 成立于 2017 年，起初是马士基货运代理公司（Maersk Damco）旗下的公司，于 2018 年为马士基直接管辖，提升为子公司级别。Twill 服务包括海运、内陆运输等多式联运，报关，金融等，它将客户平常复杂的供应链操作通过数字化进行了简化。它可以让中小型企业在几分钟内预订物流服务、当场或提前获得灵活且具有竞争力的价格，并提供在线存储和访问重要单证文件服务，以及全程跟踪货物运输服务。

Maersk Go 在 Twill 基础上，升级平台功能，免去复杂操作，可使用户更轻松地预订马士基的其他运输产品和物流服务，如拼箱运输（Less than Container Load，LCL），并享受一些附加功能，例如海关服务和基于网络的财务管理工具 My Finance。

Maersk Go 平台及其服务可以帮助用户以直观的方式管理供应链，并帮助用户控制成本。平台提供直观的界面和易懂的语言，以降低进入物流业的门槛。用户可以轻松注册，探索 Maersk Go 的平台和服务。Maersk Go 用户将优先获取舱位，并得到明确的承诺担保。Maersk Go 平台提供即时价格和透明且可预测的物流成本，方便用户做出决策。此外，平台还提供与买家或供货商合作管理货运的服务。平台用户可以轻松订舱，查看当前任务和文件，一目了然，便于管理订单。用户加入 Maersk Go 平台，便于轻松掌控供应链，享受 Maersk 提供的更好服务。

（三）数字化舱位管理平台 Maersk Spot

Maersk Spot 是马士基推出的帮助用户通过全程在线方式预订有保证舱位的一款数字化订舱平台。Maersk Spot 可以处理货物在运输过程中从启运港到目的港出现的各种问题，帮助用户做好迎接任何机会或应对任何干扰的准备。此外，Maersk Spot 功能完全数字化，可通过 Maersk.com 或马士基应用程序（见图 3-5）访问，让用户能够随时随地预订和修改货运订单。

Maersk Spot 平台不但能简化预订流程，还能提高预订透明度，降低超额订舱或货物超装的可能性。无论是旺季还是淡季，订舱确认书中的货物都能获得舱位保证。舱位保证将向在预计离港日（Estimated Time of Departure，ETD）前后三日以内的货物提供保舱保柜，也将保证内陆运输部分能按时完成运输，并能及时赶上装船。此外，Maersk Spot 用户可以 7×24 小时全天候在线订舱，订舱均为即时确认，从而及时掌握所有离港、抵港和运输时间安排。用户也可以全天候在线搜索并获得具有竞争力的价格。当订舱被确认，当前预订的费用就会被一次性计算出来并固定下来，订舱时即可获得最终价格，无不可预见的其他费用。

图 3-5　Maersk 应用程序

（四）航运区块链贸易平台 TradeLens

Tradelens 是一个全球性的贸易和物流信息和数据交换平台，由 Maersk 和 IBM（万国商业机器公司）合作开发，并于 2018 年宣布成立，旨在通过使用区块链技术支持物流信息和数据共享以及同时改善全球物流效率。它提供了一个安全、稳定的数字环境，帮助贸易伙伴跨越不同的供应链生态系统，改善信息共享问题，从而形成更有效的贸易网络。

TradeLens 是以区块链技术建造的一个高度安全的数据和文档共享平台，平台支持用户通过强大的数字贸易网络来实现货物的跟踪，可支持数字化单据和实时分析以增强可视性并节省成本和时间。平台用户也可以与他们的物流和贸易伙伴合作，包括在区块链上共享文件及数据，有助于推动整个供应链生态系统协同效应的实现。从理想化运营来看，TradeLens 通过区块链技术实现电子提单（eBL），托运人/发货人可以在平台将电子提单转给买方/收货人，买方/收货人可将电子提单转让给另一个买方/收货人，最后回到承运人。同时，平台通过将码头海关、金融机构等上下游合作伙伴接入区块链，可以做到快速通关、关税审批、融资授信等。

2022 年 11 月，马士基和 IBM 宣布决定撤回 TradeLens 产品并停止运营该平台。由于航运公司、货代公司等竞争对手迟迟不愿意加入，TradeLens 平台在缺乏行业支持的情况下举步维艰。这种情况促使马士基和合作伙伴 IMB 将所有权结构更改为更松散的合作关系，以避免产生对公司独立性的质疑，并使其更容易说服竞争对手加入。

三、德国邮政 DHL 与物联网技术

（一）DHL

DHL，中文名为敦豪，是全球领先的物流公司，主要包括以下几个业务部门：DHL Express、DHL Global Forwarding、DHL Supply Chain 和 DHL eCommerce Solution。1969 年，DHL 开设了第一条从旧金山到檀香山的速递运输航线，公司的名称 DHL 由三位创始人（Adrian Dalsey、Larry Hillblom 和 Robert Lynn）姓氏的首字母组成。DHL 是全球快递、洲际运输和航空货运的领导者，也是全球第一的海运和合同物流提供商，为客户提供从文件到供应链管理的全系列的物流解决方案。220 多个国家和地区的 395600000 名 DHL 员工通过每天的工作完成跨境运送、到达新市场和发展业务。

（二）DHL Supply Chain

DHL Supply Chain 是全球领先的合同物流供应商，其核心业务包括定制物流服务和供应链解决方案，旨在为客户减少复杂性并增加可持续价值。DHL Supply Chain 提供广泛的产品组合，包括仓储操作、运输以及增值服务，如电子履约、全渠道解决方案和退货管理，领先物流合作伙伴、房地产解决方案、服务物流和包装解决方案，可以满足全球客户在所有战略行业领域的需求，使客户的业务更加灵活、更能适应供应链的不断变化的需求。

DHL Supply Chain 不断努力通过模块化标准化和使用新技术来提高整

个供应链的速度和灵活性。最先进的数字化解决方案已经在 DHL 超过 80%
的地点使用，其中包括了约 4000 个协作机器人和约 38000 个智能可穿戴
设备。

（三）数字物流平台 myDHLi

DHL Global Forwarding 整合了既有的 myDHLi Quote + Book、myDHLi
Analytics 等服务，以移动优先为导向，推出了创新性数字物流平台 myDHLi
（见图 3-6），为客户提供一站式门户服务，帮助客户提高物流绩效、弹性
和可持续性。自 2020 年推出以来，使用 myDHLi 管理物流和运输需求的客
户数量已超过 16000 人。该平台完全由 DHL 内部团队设计开发，全新的货
物追踪功能采用端到端信息追踪，用户可以近乎实时监测海运及空运货
物，从取件到最终交付，尽在掌握。该服务还可支持 Excel 原始数据提取。
另一个新功能是 myDHLi 文档，所有报价、商业发票、装箱单、货代单、
发票、交货证明等文件都存储在同一地方，用户可以方便快速地查看或下
载。myDHLi 平台采用了移动设备优先的设计理念，因此用户在所有设备
上都可使用这一平台。此外，平台内置诸如关注和分享等热门社交功能，
可使用户与同事、客户和供应商交换分享信息，从而简化了整个供应链的
沟通工作。基于这套应用程序界面（Application Programming Interface，
API），用户可轻松地导出和分析数据，或直接将其整合到自己的系统中。

图 3-6　DHL 数字物流平台 myDHLi

myDHLi 平台数据管理完全透明化，客户只需轻点鼠标，便可获得货运价格、报价、运输方式和碳排放等所有货运信息，以及详细的分析报告。在 myDHLi 平台查询报价、追踪、分析和获取货运数据和报告的基础上，DHL 货运客户可以获得准确的货物送达时间，其准确率比承运商所提供的信息准确率高出 48%。此外，myDHLi 平台还开通了可供配置的通知服务，用户不仅能为特定事件设置一般通知，如运输状态变化时，还能自定义通知设置，用于指定贸易路线或运输模式。myDHLi 平台还建立了具有社交功能的反馈机制，客户及贸易伙伴均可关注与分享货物动态，轻松获取相关信息。

四、鹿特丹港及其航运数字化

（一）鹿特丹港

鹿特丹港位于莱茵河与马斯河河口，西依北海，东溯莱茵河、多瑙河，可通至里海，有"欧洲门户"之称。鹿特丹港由瓦尔—埃姆港区（Waal-Eemhaven）、梅尔沃港区（Mer wehaven）、维尔港区（Vierhavens）、波利斯港区（Pernis）、博特莱克港区（Botlek）、欧罗波特港区（Europoort）和马斯莱可迪港区（Maasvlakte）等七大港区构成，港区面积约 100 平方公里，码头总长约 42 公里，吃水最深处约 22 米，可停泊约 54.5 万吨的特大油轮。

鹿特丹港拥有世界最先进的 ECT 集装箱码头，年运输量达 640 万标准箱，居世界第四位。港区基础设施归鹿特丹市政府所有，日常港务管理由鹿特丹港务局负责，各类公司承租港区基础设施发展业务。鹿特丹港的货物运输干线与国内外交通网紧密相连，包括莱茵河、高速公路、港口铁路等。进港原油除经莱茵河转运外，还铺设输油管道直通阿姆斯特丹以及德国、比利时等地。鹿特丹港每十分钟左右就有一艘远洋船进港或出港，是世界上最繁忙的港口之一，2023 年鹿特丹港完成集装箱吞吐量 1344.67 万标准箱，位居欧洲集装箱吞吐量第一位。

鹿特丹港已经不仅仅是一个单纯意义上的海运集装箱港口，客户所有的供应链环节都可以在这里找到支持，无论是仓储、分拨还是中转，通过毗邻的莱茵河与新马斯河、水路陆路和欧洲铁路系统，鹿特丹港的服务覆盖几乎所有欧洲偏港和腹地，即使是最新兴的中欧班列和跨境电商物流，鹿特丹都已有着良好的布局。

鹿特丹港凭借其在自动化、信息化和智能化技术方面的广泛应用，成功实现了港口的数字化转型，并在全球物流领域树立了典范。通过自动化、信息化和智能化技术的应用，该港口实现了货运装卸的高效能作业、物流信息的快速传递和处理以及资源的有效分配和调度。这些措施不仅提高了物流效率，降低了运营成本，还有助于保护环境，推动了全球物流产业的可持续发展。

（二）鹿特丹港数字化转型

立足港口航运数字化发展趋势，鹿特丹港务局发布了 *Port Reference Architecturea：Port From a Digital Perspective*，明确了鹿特丹港口航运数字化转型目标，即打造"高效、安全、可持续的港口服务综合体"，通过跨层级数据协同交互，实现港口航运价值链赋能。

1. 加快建设智慧基础设施，推进数据上云互联

（1）加强港区环境感知。鹿特丹港务局在港口沿线 42 公里的各个关键位置部署多种物联网传感器，以加强对环境的感知能力。这些传感器将用于实时采集潮汐、潮流、温度、风速、风向、水位、泊位可用性、能见度以及气象等信息，并通过构建综合分析模型，对港口的作业和航行条件进行评估，从而支持制定更有效的港务作业方案。

（2）改造升级集装箱设备。试点部署集装箱内置传感器，用于监测箱内外的湿度、空气质量等环境数据，以及箱内物体的运动、气味和湿度等情况。这些数据将为冷链物流管理和全链路服务追溯提供重要支持，有助于提高物流运输的效率和可靠性。同时，试点部署集装箱外部的太阳能板，从而降低集装箱运输环境监测的能耗，推动可再生能源在港口设施管理中的应用。

（3）港口内设施设备上云。结合物联网技术和 IBM 先进技术，建设一

个港口数字孪生系统，用于汇聚港口船舶的位置动态、基础设施状况、天气变化、地理信息以及潮汐数据等多方面信息。通过这一系统，为港口的作业管理、船舶调度以及其他港口业务管理提供更加智能、高效的支持和赋能，助力提升整个港口的运营效率和安全性。加强港区环境感知、改造升级集装箱设备，以及将港口内设施设备上云，是推动港口智能化和数字化发展的关键举措。通过不断引入先进技术和管理理念，为鹿特丹港港口管理带来更大的便利和效益，提高港口的竞争力和可持续发展能力，使鹿特丹港迈向更加智慧、高效的未来。

2. 加强多主体信息交互，重塑港口作业流程

（1）构建船岸协同作业体系。PortXchange 是一个数字协作平台，用于共享与港口访问相关的所有本地各方的实时操作数据，对其进行标准化处理，为航运公司、承运人、代理商、码头和港口当局创建一个"单一事实点"，以进行监控访问之前和访问期间的所有活动。该数据可用于优化港口挂靠效率以减少 CO_2 排放。PortXchange 平台始于鹿特丹港口，现已在欧洲、英国和美国的港口中使用。以鹿特丹港为例，鹿特丹港建设 PortXchange 平台，用以支持船务作业部署、作业与监控，实现船务作业无缝衔接，平台还提供信息查询 API 接口，向航运公司及代理商提供标准化作业数据，便于装提箱业务有序安排。PortXchange 平台应用后，鹿特丹港船舶停靠时间减少了 20%，显著提升了码头泊位周转率。

（2）推动港口运输协同化。建立码头、堆场、仓储综合监控平台 Nextlogic，实现不同区域集装箱容量实时监测及系统性监管，并根据监测情况动态部署集装箱运输计划，提高码头及内堆场集装箱周转率。Nextlogic 于 2023 年 1 月在鹿特丹港正式启动，旨在确保港口的内河船舶得到更快的处理，并且使码头运营商能够充分利用其码头。Nextlogic 预计，随着 2023 年更多驳船运营商接入平台，远洋码头 90% 以上的内河运输量将使用这一综合规划工具来进行路线规划。

（3）加强港口物流信息流转。鹿特丹港与港口产业链及有关政府部门共同合作，打造了一个名为 Portbase 的鹿特丹港港口社区系统。该系统旨在加强港口物流信息流转，促进鹿特丹港口的数字化和智能化发展。

Portbase 提供了集装箱、普通货物、干散货、液体货物等各种货物的港口物流信息服务，实现了各种货物在港口内的顺畅流动（见图 3-7）。通过 Portbase 系统，各个相关方可以实现信息的及时共享和交流，促进企业之间、企业与政府部门之间的紧密合作，提高港口运行的效率和质量。Portbase 系统的运作包括以下几个关键步骤。

①数据接入和采集：Portbase 系统通过各种港口设施和系统接入数据，包括集装箱跟踪数据、货物信息、船舶位置等各种相关信息。这些数据将

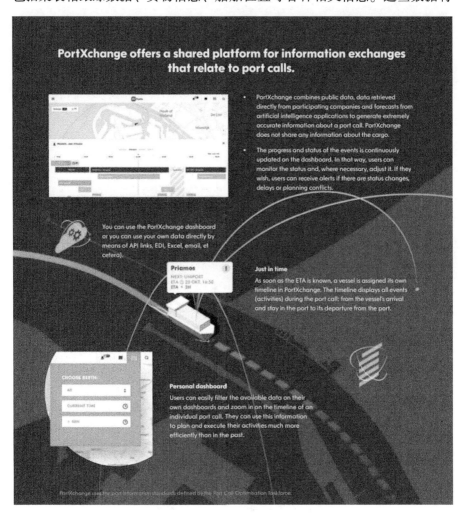

图 3-7　鹿特丹港口船舶数据交换

用于监控和管理港口内各项运营活动。

②数据处理和分析：系统会对接收到的数据进行处理和分析，生成各类报告和统计数据，用于港口管理者和相关方决策参考。

③信息共享和交流：Portbase 系统通过网络平台将各种信息共享给港口内的相关方，包括船东、港口操作人员、货主、货代等。各方可以通过系统实时查询相关货物、船舶等信息，提高运作效率。

④系统协同运作：Portbase 系统实现了港口内外各个环节的协同运作，包括码头、货物仓储、船舶运输等。通过系统的统一管理和智能调度，促进各环节的高效协同运作。

3. 创新信息服务模式，营造良好服务环境

（1）打造全球多式联运一站式服务平台。鹿特丹港部署全球集装箱运输平台 Route-scanner，汇聚 218 家运营商数据，为用户提供门到门多式联运方案。该平台能够追踪和管理集装箱在全球范围内的运输，为船运公司、货运代理和货主等提供关键的物流数据。通过 Route-scanner，用户可以实时了解集装箱的位置、状态、预计到港时间等信息，有助于优化运输计划、减少运输时间，并降低风险。平台还设置了运输方案自主优化、运价及时效计量、运输能耗及碳排放估计等功能，推动多式联运产业可持续发展。

（2）推动报关审批自动化。Quay Connect 利用区块链技术，可以确保集装箱运输过程中的所有数据和信息都得到安全、准确的记录，从而提高运输的透明度和信任度。此外，区块链技术还可以优化供应链的协同管理，降低运营成本，并提高物流效率。鹿特丹港应用 Quay Connect 区块链服务，整合出口英国的货物流、现金流、信息流，推动报关监管等信息的无纸化、完整化、可信化，支持鹿特丹港与英国港口的海关当局信息流的无缝衔接。区块链技术的应用实现集装箱报关审批成本下降了 27 欧元/箱，并减少了 20% 的报关材料处置时间。

（3）打造海事创新加速器。2015 年，鹿特丹建成世界上第一个海事创新孵化器 "PortXL"。PortXL 是由鹿特丹港、港航创新企业和规模化企业、市场投资主体共同组建的生态创新系统，围绕绿色、物流、海事、加工工业等四大领域开展技术孵化和市场化应用，累计服务了百余家港航物流企业，并推动绿色物流、智能制造、海事信息服务等领域多种创新技术市场化应用。在集装箱运输领域，PortXL 孵化的企业涉及自动化码头、智能船舶、绿色能源等方向。其孵化的企业可能运用先进的传感器、机器人和控制系统等技术，实现码头的自动化装卸、运输和仓储等。这种自动化码头可以提高装卸效率、减少人力成本，并降低人为错误和发生事故的风险。同时，自动化码头还可以提高码头的吞吐量和处理能力，以应对日益增长的集装箱运输需求。这些物流创新技术不仅可以提高集装箱运输的效率和安全性，还可以降低运输成本，并推动全球物流行业的可持续发展。

第四章　福建省物流科技发展状况及主要特征

一、福建省物流科技发展背景

现代物流是福建省"十四五"期间重点打造的六大主导产业之一，在福建省委、省政府的正确领导下，该省物流业继续贯彻新发展理念，全省物流业实现平稳健康发展。福州、厦门、泉州分别入选国家物流枢纽城市，物流业已经成为福建省社会经济发展的重要支撑。

（一）物流市场规模持续扩大

2023年福建省货物运输总量178766.04万吨，比上年增长5.7%，货物运输周转量12235.42亿吨，同比增长7.9%。旅客运输总量28795.34万人，同比增长58.7%，旅客运输周转量1004.18亿人，同比增长96.2%。

全年沿海港口完成货物吞吐量74894.25万吨，比上年增长4.9%。其中，外贸货物吞吐量29051.45万吨，同比增长12.7%。集装箱吞吐量1817.87万标准箱，同比增长1.0%。全年邮政行业寄递业务量完成61.34亿件，增长13.4%。邮政函件业务量0.28亿件，包裹业务量86.93万件，快递业务量49.87亿件，快递业务收入388.67亿元。

通过上述数据可以看出，福建省物流业需求规模在不断扩大，各类细分市场规模不断扩大，基于互联网的物流新技术、新模式、新业态将成为物流行业发展的新动力。

（二）城市物流网络日臻完善

2023年全年公路通车里程约11.56万公里，比2022年增长2.5%。高速公路网通车里程6168.59公里，同比增长0.2%。铁路营业里程4574公里，同比增长8.1%。公路密度91.46公里/百平方公里，同比增加0.75公里/百平方公里。

2010—2020年，全省新增高速公路通车里程3339公里，累计达到6156公里（密度排名全国各省第3位），实现80%的陆域乡镇30分钟内便捷通高速。普通国省道通车里程达1.1万公里、新改建2600公里、路面改造1500公里、生态示范路建成1900公里，建成普通干线公路1500公里，国省道二级及以上公路比例达75%以上。铁路运营里程3884公里、新增583公里，其中高快速铁路达1906公里、新增338公里，实现9个设区市动车环形运营。开工建设福厦高铁，龙岩至龙川、建宁至冠豸山、兴国至泉州铁路，福州至长乐机场城际铁路F1线等，在建里程1061公里，已建在建铁路覆盖全省90%以上的县（市、区），初步形成"轨道上的福建"。

目前全省形成"两纵三横"综合交通运输大通道，初步建成域内互通、域外互联，安全便捷、经济高效、绿色智能的现代综合交通运输体系，综合交通总体发展水平达到全国先进行列，实现总体适应、局部适度超前经济社会发展。

（三）物流企业发展不断提速

福建省的物流企业结构呈现金字塔形，由少数规模化、综合性物流公司，数量相对有限的初具规模的中型物流公司和数量众多的单一基础物流公司组成。

福建省积极培育物流市场主体，夯实行业发展基础，逐渐形成一批现代化、规模化、品牌化物流领军企业。截至2024年2月底，福建省有A级物流企业共计516家，包括20家5A级物流企业。这些企业代表了物流行业的最高水平，具有强大的物流网络、先进的技术支持和优质的服务能力。其中厦门象屿凭借强大的综合物流服务能力，在 2023 年实现营业收入 4590.35 亿元，牢牢占据行业领先地位。除 5A 级企业外，福建省还拥有大量 4A 级、3A 级、2A 级和 1A 级物流企业，共计 496 家。

福建省 A 级物流企业的数量在全国处于领先地位，这些企业凭借其先进的物流技术、完善的物流网络和优质的服务质量，在物流行业中也扮演着重要的角色，为福建省乃至全国的物流运输提供有力支持，为福建省的经济发展做出了重要贡献。同时，随着物流行业的不断发展，福建省 A 级物流企业的数量还将继续增加，服务水平还将继续提升。

（四）物流科技发展动力逐步转换

近年来，物流领域的技术创新、管理创新、模式创新、集成创新蓬勃发展，新技术、新业态、新模式不断涌现，创新驱动正成为物流业转型升级的重要动力来源。特别是"互联网+"战略的提出，为互联网与物流业的深度融合指明了方向。随着物联网、云计算、大数据、移动互联网等新一代信息技术普及应用，嵌入物联网、车联网、大数据预测等技术开始改造传统的运营模式。智能仓储设备、智能装卸设备、机器人、无人机、无线射频识别等智能物流技术装备的出现逐渐解放生产力，极大地提高生产效率、降低生产成本、整合物流资源。以技术创新驱动引领物流业加速形成向信息化、智慧化、机械化发展的格局。

（五）物流科技基础条件建设加快推进

福建省紧抓国家加大新基建投资支持力度政策契机，大力推动信息网络基础建设，加速迈入 5G 时代。截至 2023 年末，福建省的电话用户总数达到了 5581.5 万户，同比增长 0.1%。其中，固定电话用户 671 万户，同比下降 1.3%；移动电话用户 4910.5 万户，同比增长 0.3%。全省固定宽带用户达 2261.2 万户，同比增长 5.4%，固定宽带家庭普及率达到 129%。

福建累计建成 5G 基站 10.2 万个，实现所有乡镇和 92% 行政村 5G 网络覆盖，5G 用户普及率和 5G 流量占比分别达 51.5% 和 51.2%，双双突破 50%。同时全球科技创新进入密集活跃时期，新一轮科技革命和产业变革加速演变，新兴技术创新成果层出不穷，经济社会数字化转型加快推进，福建省数字经济规模居全国前列，新型显示、集成电路、新材料、新能源等高技术产业逐步壮大，将为物流业创新发展提供信息基础支撑。

二、福建省物流科技发展概况

（一）科技奖励状况

科技奖励制度是国家激励自主创新、激发人才活力、营造良好创新环境的一项重要举措，对于促进科技支撑引领社会发展、产业发展具有重要意义。

1. 中国物流与采购联合会科学技术奖

2002 年经国家科技部批准，中国物流与采购联合会成功申请并设立了"中国物流与采购联合会科学技术奖"（以下简称"中物流科技奖"），该奖项是国家科技部唯一认定授权并登记备案的物流行业的社会力量颁奖，旨在大力推动科技应用与物流一体化发展，关注和支持现代物流技术的自主创新能力，积极引导企业成为技术创新的主体，并通过科技奖评选途径，着力挖掘和推广优秀的科技成果。中物流科技奖已经得到了行业内人士的广泛关注和认可，成为我国物流与采购及生产资料流通领域内的标志性奖项，助力我国现代物流走上科技主导、运行高效、人力资源优势得到充分发挥的科学的发展道路。

本书采集了 2015—2022 年度的中物流科技奖项目，从福建省的获奖项目总数来看，福建排名在第 17 位（见图 4-1），每年获奖项目占比均低于1%（2015 年最低，为 0.24%，2017 年最高，为 0.98%）。在华东六省一市中，福建省和先进省市的差距较大，如图 4-2 所示。

福建省总共有 20 家单位获得 31 个奖项，大部分为企业，易栈集团有限公司等单位多次获得奖项，具体如表 4-1 所示。

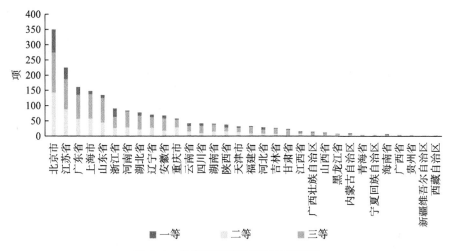

图 4-1　各省区市获奖项目总数排名

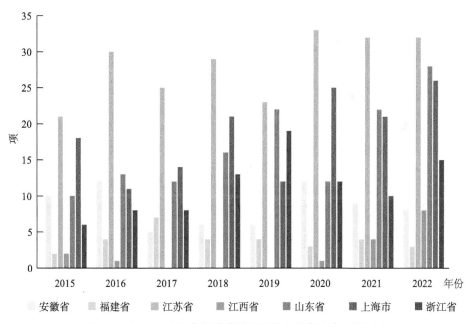

图 4-2　2015—2022 年福建获奖项目数及华东六省一市对比

表4-1 各省获得中物流科技奖的单位及获奖次数

第一单位	获奖次数	第一单位	获奖次数
易栈集团有限公司	3	中国厦门外轮代理有限公司	1
厦门卫星定位应用股份有限公司	3	泉州安通物流有限公司	1
龙岩烟草工业有限责任公司	3	国网福建省电力有限公司	1
中国移动通信集团福建有限公司	3	厦门维运创智网络科技有限公司	1
泉州市闽运兴物流有限责任公司（现泉州市闽运兴物流股份有限公司）	2	漳州市万物通信息科技有限公司	1
厦门锐特信息技术有限公司	2	福建师范大学	1
泉州安盛船务有限公司	2	福建省龙易配信息科技有限公司	1
闽江学院	1	福建中烟工业有限责任公司	1
乐商云集（厦门）供应链管理有限公司	1	厦门荆艺科技有限公司	1
中国外运福建有限公司	1	阳光学院	1

2. 福建省科技奖励

本书检索了福建省2007—2022年的科技奖励项目，共计2918项，从中筛选出物流技术相关的项目10项（全部为科技进步奖），如表4-2所示。总体来说，物流相关奖项仅占全部奖项的0.3%，但近年来，物流相关奖项数量有明显增加。

表4-2 2008—2021年福建省科技奖励中的物流相关项目

年度	获奖单位	项目名称	获奖等级
2008	中国厦门外轮代理有限公司	厦门港国际集装箱运输协作平台（X-Service平台）	三等
2009	福建农林大学	环境友好型木材物流系统研究	三等
2010	福建国通信息科技有限公司	基于SOA架构的物流分拣投递生产管理系统	三等
2016	厦门思尔特机器人系统股份公司（现厦门航天思尔特机器人系统股份公司）	重型有轨自由穿梭物流系统	三等

续表

年度	获奖单位	项目名称	获奖等级
2016	厦门雅迅网络股份有限公司（现厦门雅迅智联科技股份有限公司）	基于大数据的道路运输智能交通信息服务系统及其终端	二等
2019	福建景丰科技有限公司	锦纶6智能高效生产及立体仓储系统集成技术研究与应用	三等
2019	龙合智能装备制造有限公司	垛装物料装车托盘自动转换设备关键技术	三等
2021	国网福建省电力有限公司营销服务中心	能源计量器具规模化检测与分级式仓储智能协同关键技术及应用	三等
2021	福建和其昌竹业股份有限公司	竹基集装箱底板关键技术创新与应用	三等
2021	集美大学	鲍鱼南北大规模保活运输与精深加工技术及产业化应用	二等

（二）专利数据状况

1. 物流相关专利申请情况

通过对产业链/技术链整体性的专利分析，可以帮助识别产业链上中下游企业数量、规模，揭示产业链的核心环节和关键技术，技术目前所处的阶段、当前的技术热点、发展方向以及技术布局等情况，并能了解龙头企业的研发重点、发展趋势及区域分布。从而有利于从宏观层面上把握产业格局，明确福建省物流产业技术在全国的位置，寻找技术发展的薄弱环节，为调整和优化产业技术结构提供决策参考。

2. 全国物流相关专利申请情况

2018—2022年来，全国各类创新主体共申请了113720件物流相关的专利，每年申请数量分布情况如图4-3所示。2018—2021年申请量都超过2万件（因数据整理时间原因，2022年统计数据不包含全年），整体仍处于上升趋势。申请（专利权）人分别有自然人、企业、科研院所、高校等，以企业和高校为主。

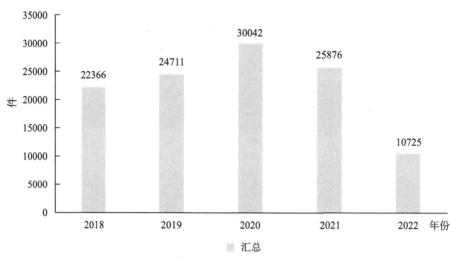

图4-3 全国2018—2022年物流相关专利申请情况

将2018—2022年物流相关专利数量进行汇总，由图4-4可知，全国物流相关专利申请量前十省市中，广东省和江苏省领先幅度较大。福建省物流相关专利的申请量在全国排名中相对靠前，位居第十。以前十省市的申请量做统计，平均每个省市申请量为8650.5件，平均每年申请量为1730.1件。

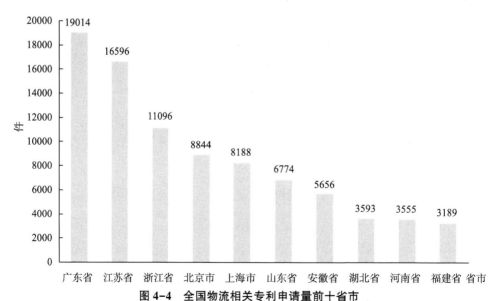

图4-4 全国物流相关专利申请量前十省市

（1）华东六省一市物流相关专利申请情况

全国物流相关专利申请量前十省市中，华东地区占了 6 个名额，说明华东地区整体物流技术水平较高，但除了江苏省，其他省市与广东省都还存在着较大的差距。

华东六省一市 2018—2022 年共申请了 53158 件物流相关专利，平均每个省市申请量为 7594 件，平均每年申请量为 10631.6 件，如图 4-5 所示。其中，福建省 2018—2022 共申请物流相关专利 3189 件，平均每年申请量为 637.8 件，在华东六省一市的排名中算比较落后，差距较为明显，仅领先江西省。

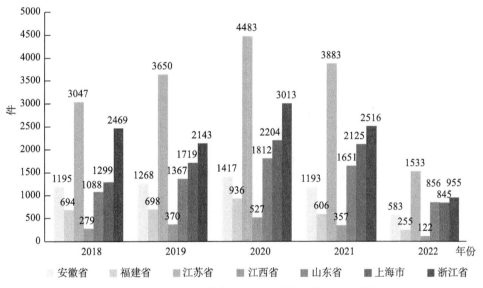

图 4-5　2018—2022 年华东六省一市物流相关专利申请情况

在各类专利中，发明专利具有技术价值较高、权利相对稳定、客体范围更大等特点，申请难度较高、审查时间较长，更能体现该行业的技术水平。为此，本书对发明专利申请量占所有专利申请总量的比例进行统计，如表 4-3 所示。福建省占比为 36.4%，相对较低。这个数据在某种程度上也可以反映出福建省的物流技术在华东六省一市中相对落后。

表4-3　华东六省一市专利不同类型对比

省市	发明/件	实用新型/件	外观设计/件	总数/件	发明比重/%
江苏	7120	9004	472	16596	42.9
浙江	5430	5065	601	11096	48.9
上海	4282	3341	565	8188	52.3
山东	2522	4008	244	6774	37.2
安徽	3164	2346	146	5656	55.9
福建	1161	1921	107	3189	36.4
江西	463	1145	47	1655	28.0

（2）A级以上物流企业专利和软著情况分析

中国物流与采购联合会每年度评审A级物流企业，从2005年起，已有32批次，累计获得A级及以上的物流企业有8850家，这些企业大多是伴随我国物流业发展过程成长起来的骨干物流企业，体现了现代物流企业的基本特征，代表了我国现代物流业的方向。因此，通过对A级物流企业的专利和软著研发成果进行分析，发现其在识别企业物流技术发展态势上也具有代表性和典型性。经查询，A级及以上物流企业中有1651家企业有申请专利或软著，详情如表4-4与图4-6所示。

表4-4　A级及以上物流企业专利和软著情况

物流企业（A级及以上）研发成果				
企业等级	A	2A	3A	4A	5A
企业数量总数/家	11	147	673	682	138
专利/平均值/家	61/5.55	1444/9.8	3823/5.68	4445/6.52	1328/9.6
软件著作权/平均值/家	105/9.5	1034/7.03	4690/6.97	6891/10.10	1567/11.36
平均成果/家	15.05	16.83	12.65	16.62	20.96

从A级物流企业的专利和软件著作权情况来看，5A级企业的两项成果的平均值排名第一，为20.96，其原因可能是5A级企业从规模、人才、创新动力方面具备明显优势。然后是2A级物流企业，紧接着是4A级物流企业，而3A级物流企业的创新动能表现较差，甚至不如A级物流企

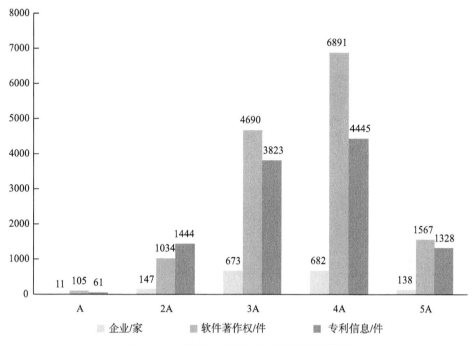

图 4-6 A 级以上物流企业专利和软著情况

业。为此本书展开了进一步的研究，发现 A、2A 级物流企业多为创新型初创企业，起步晚，规模小，创新势头猛。而大量 3A 级物流企业的存续年限较长，大多数属于创业早，前期吃规模红利，而后期发展势能不足的企业。

为了解福建的 A 级以上物流企业及其专利和软著产出状况，本书统计了华东六省一市拥有专利或软著的 A 级以上物流企业不同等级分布及其专利和软著情况，如图 4-7、图 4-8 所示。

与上一节中物流产业专利申请情况分布相类似，福建省 A 级以上物流企业的专利和软著情况处于在全国范围内尚可，在发达地区偏后的位置。具体到福建省内部各设区市（不计平潭），如图 4-9、图 4-10 所示，可以看出，A 级以上物流企业的专利和软著数量与当地的经济发展水平和信息化水平有明显相关性，福州、厦门、漳州、泉州等地区占据主导地位。

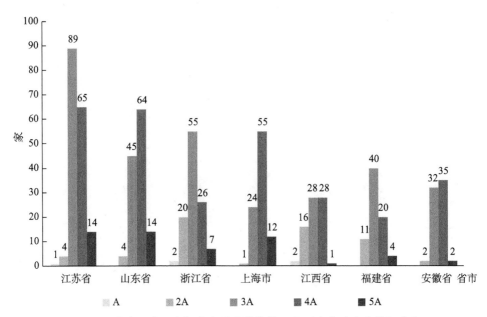

图 4-7　华东六省一市拥有专利或软著的 A 级以上物流企业等级分布

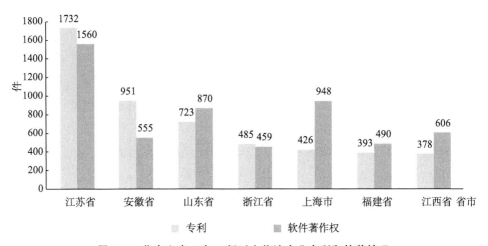

图 4-8　华东六省一市 A 级以上物流企业专利和软著情况

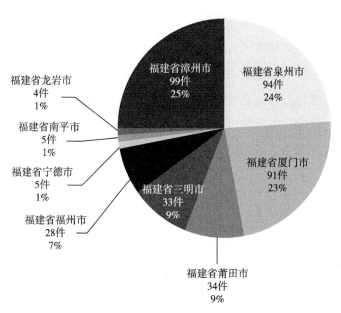

图4-9 福建各设区市A级以上物流企业专利分布情况

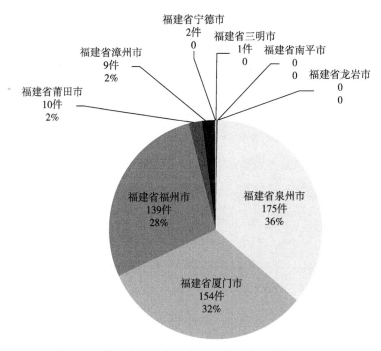

图4-10 福建各设区市A级以上物流企业软著分布情况

（3）专利主题分析

近年来，许多学者开展对专利文本内容挖掘的研究，通过自然语言处理算法挖掘专利文献蕴含的深层次技术隐性知识，进而对技术主题共现、聚类分析等进行挖掘。而 AI 技术的进步，使得其操作难度下降，分析结果精度上升，逐渐在专利分析中得到广泛的应用。

本书将福建省 2018—2022 年申请的 3189 个物流相关专利的摘要文本进行分词（jieba 分词），然后将生成的语料使用 Python 的 BERTopic 包进行 AI 分析。

BERT（Bidirectional Encoder Representation from Transformers）是近年来 AI 技术中自然语言处理领域最重要的进展，它是一个预训练的语言表征模型，不再像以往一样采用传统的单向语言模型或者把两个单向语言模型通过浅层拼接的方法进行预训练，而是采用新的掩码语言模型（Masked Language Model，MLM），以至能生成深度的双向语言表征。BERT 模型近年来在各类自然语言处理（Natural Language Processing，NLP）任务中获得了令人吃惊的优秀结果。

而 BERTopic 是基于 BERT 词向量进行主题建模的技术，它利用 Transformer 和 c-TF-IDF 创建密集的集群，允许轻松解释主题，同时在主题描述中保留重要词。它还具有支持引导式指引，支持（半）监督式学习，支持动态主题和可视化的优点，十分适合用于专利文本分析。

经多次测试，设置主题数量为 32 个，主题词为 Top10，获得的主题词分布如图 4-11、图 4-12 所示。

X 以往的主题模型展示的是词的概率分布，可解释性较低。2022 年 11 月，由 OpenAI 开发的一个人工智慧聊天机器人程序 ChatGPT 上线测试，该程序使用基于 GPT-3.5 架构的大型语言模型并通过强化学习进行训练，以对话方式进行交互。本书用每个主题的 Top30 主题词进行测试，得到了不错的效果，如表 4-5 所示。

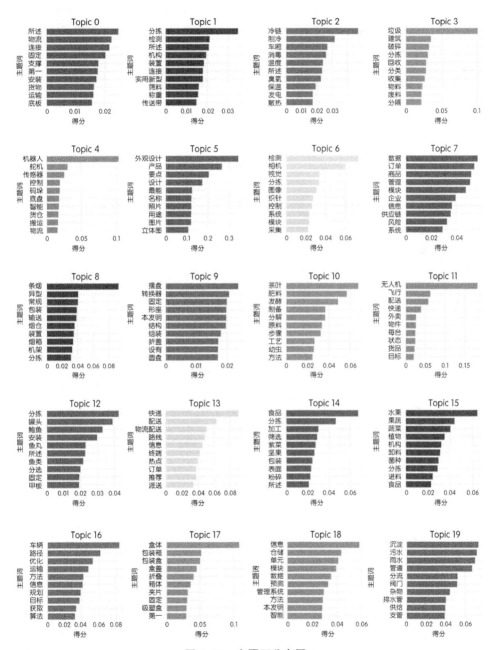

图 4-11　主题词分布图 1

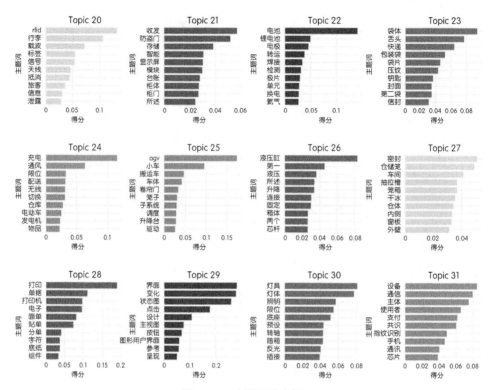

图 4-12　主题词分布图 2

表 4-5　ChatGPT 对部分主题词的解析

主题词	ChatGPT 解析
所述 物流 连接 固定 支撑 第一 安装 货物 运输 底板 设有 设置 实用 新型 包括 结构 底部 升降 底座 两侧 箱体 滑动 之间 内部 两个 顶部 装置 挡板 机构 表面 托盘	这些主题词可能涉及物流、运输、装置或结构方面的内容。例如，所述、物流和连接可能描述某种运输方式或物流系统；固定、支撑和安装可能描述某种固定或支撑装置。
分拣 检测 所述 机构 装置 连接 实用新型 筛料 称重 传送带 固定 设置 安装 出料 自动 包括 机架 筛选 传感器 第一 组件 分拣机 设备 螺栓 设有 传输 转轴 传送 框架 通道	这些主题词似乎描述了一种自动分拣机或装置。这种装置可能包括一个机架、传感器和组件，并且可能通过传送带进行传输。它可能具有用于筛料和称重的机构，并可以通过传输转轴将物品传送到通道中进行分拣。这可能是一种实用新型专利，具有特定的结构，可以用于自动检测和分拣物品。

续表

主题词	ChatGPT 解析
冷链 制冷 车厢 消毒 温度 所述 臭氧 保温 发电 散热 消杀 设置 低温 连接 保温箱 固定 箱体 实用新型 内部 增程 装置 包括 空气 运输 冰块 顶部 物流 疫苗 冷柜 制冷机	这些主题词似乎描述了一种冷链运输设备，这种设备可能包括用于制冷和保温的装置，并且可能具有内部增程设置，用于散热和消杀臭氧。它可能具有一个固定的箱体，并且可以通过连接物流运输保持低温。它可能是一种实用新型专利，具有特定的结构，可以用于运输冰块、疫苗或其他需要保存在低温环境中的物品。
垃圾 建筑 破碎 分拣 回收 分类 收集 物料 废料 分隔 机构 输送带 轻质 金属 过滤 废弃 装置 本发明 筛分 渣土 垃圾处理 利用 分选 分离 包括 进料 生活 一级 筛选 资源	这些词语大多关于垃圾分拣、分类和分离，并且可能具有一个机构或输送带，用于输送物料或废料。它可能具有过滤或筛选机构，用于将轻质物质（如塑料）、金属或渣土分离出来。这可能是一种发明专利，具有特定的结构，可以用于对生活垃圾或建筑废弃物进行利用和资源分选。
机器人 舵机 传感器 控制 码垛 底盘 智能 货仓 搬运 物流 驱动 机构 物品 所述 包括 连接 设置 组件 物料 模块 抽屉 配送 抓取 货柜 安装 底板 本发明 灰度 仓储 第一	这些词语与机器人技术有关，可能包括舵机、传感器和控制组件。它可能具有用于搬运物品的机构，并且可以用于在货仓或仓储中进行物流作业。它可能具有一个底板和抽屉模块，并且可以通过连接货柜或物流车辆进行配送。此外，这种装置可能具有灰度图像处理能力，可以用于识别物料或进行自动分拣。

可以对每个主题之间的相似度进行计算，得到主题相似矩阵，如图 4-13 所示，其中浅色表示主题之间相似度较低，而颜色越深则表示主题之间越相似。

由如图 4-13 可知，主题 16（_车辆_路径_优化）与其他主题相似度较低。整体而言，福建省物流相关专利文本间的相似度较高，猜测可能原因是：①专利代理公司的文本较为雷同；②一些专利的独立创新程度不高。有待进一步深入研究。

不同主题还可以进行层次聚类，默认情况下使用 HDBSCAN 技术聚类，创建语义相似文档的聚类。如图 4-14 所示，该图展示了福建物流专利文本的主题层次聚类结果。

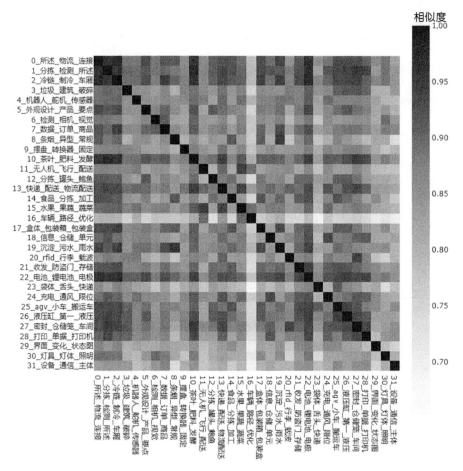

图 4-13　主题相似矩阵

（4）专利权人分析

通过在整个物流领域中申请人的排名，了解福建的物流相关专利掌握在哪些专利权人手中。并通过对比其掌握的专利的数量了解各专利权人的技术实力，从而明确竞争对手及其技术实力，如表 4-6 所示，该表展示了申请数量大于 10 件的申请人（不含个人）。

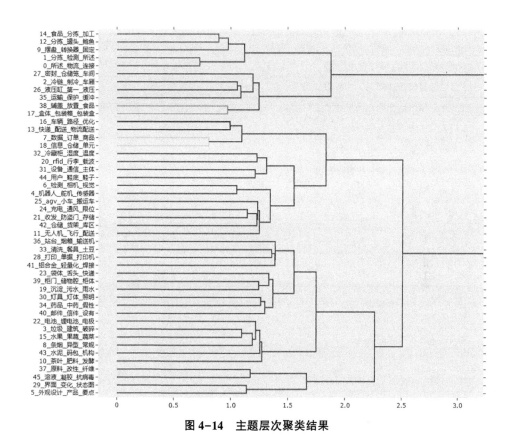

图4-14 主题层次聚类结果

表4-6 大于10件专利的申请人（不含个人）

申请（专利权）人	申请数/件	类型
石狮市阜康集装箱储运有限公司	32	企业
龙岩烟草工业有限责任公司	31	企业
福建农林大学	30	高校
福州大学	25	高校
厦门理工学院	19	高校
华侨大学	19	高校
厦门恰再注包装有限公司	17	企业
福建省闽铝轻量化汽车制造有限公司	17	企业
福建工程学院	17	高校
龙合智能装备制造有限公司	16	企业

续表

申请（专利权）人	申请数/件	类型
威享驿联（厦门）科技有限公司	15	企业
天海欧康科技信息（厦门）有限公司	15	企业
福建鸿仓供应链管理有限公司	15	企业
厦门烟草工业有限责任公司	14	企业
福建栢合冷链仓储管理有限公司	13	企业
漳州市东方拓宇信息科技有限公司	12	企业
南安市创培电子科技有限公司	12	企业
福州外语外贸学院	12	高校
福建商学院	12	高校
智旦运宝宝（福建）科技有限公司	11	企业
阳光学院	11	高校
厦门大学	11	高校
闽江学院	11	高校
福建路成达物流发展有限公司	11	企业
厦门金龙联合汽车工业有限公司	10	企业
福州市唯联高鑫智能科技有限公司	10	企业
福清市茂顺包装有限公司	10	企业
福建南方路面机械有限公司（现福建南方路面机械股份有限公司）	10	企业

福建省申请的 3189 项物流类专利中，近 100 家高校（含职业学院）申请 389 项，1300 余家企业申请了 2361 项，物流专利申请较多的高校、企业如表 4-7、表 4-8 所示。另有 313 位个人合计申请了 439 项，由此可见，在物流产业技术专利方面，企业还是占据较大的比例。

表 4-7　福建高校物流专利申请 Top 15

申请（专利权）人	计数/件
福建农林大学	30
福州大学	25
华侨大学	19
厦门理工学院	19
福建工程学院	17

续表

申请（专利权）人	计数/件
福建商学院	12
福州外语外贸学院	12
闽江学院	11
厦门大学	11
阳光学院	11
福建船政交通职业学院	9
莆田学院	8
厦门大学嘉庚学院	8
宁德师范学院	7
漳州职业技术学院	7

表 4-8　福建企业物流专利申请 Top 18

申请（专利权）人	计数/件
石狮市阜康集装箱储运有限公司	32
龙岩烟草工业有限责任公司	31
福建省闽铝轻量化汽车制造有限公司	17
厦门恰再注包装有限公司	17
龙合智能装备制造有限公司	16
福建鸿仓供应链管理有限公司	15
天海欧康科技信息（厦门）有限公司	15
威享驿联（厦门）科技有限公司	15
厦门烟草工业有限责任公司	14
福建栢合冷链仓储管理有限公司	13
南安市创培电子科技有限公司	12
漳州市东方拓宇信息科技有限公司	12
福建路成达物流发展有限公司	11
智旦运宝宝（福建）科技有限公司	11
福建南方路面机械有限公司（现福建南方路面机械股份有限公司）	10
福清市茂顺包装有限公司	10
福州市唯联高鑫智能科技有限公司	10
厦门金龙联合汽车工业有限公司	10

（三）物流科研项目情况

专利申请的主体是企业，而政府支持的科技计划项目，目前申报主体仍以高校和科研机构为主。本部分对福建省各创新主体申报的福建省科技计划项目和2018—2022年结题的国家自然科学基金项目中的物流相关项目进行分析。

1. 国家自然科学基金项目情况

国家自然科学基金项目和经费的多少是衡量一个科研主体科研创新能力和科研创新水平的重要标志。在2018—2022年结题的国家自然科学基金物流相关的571个项目中，福建省仅有4所高校的10个项目，占比约为1.8%，总金额346.5万元，占比约1.5%，详细内容如表4-9、表4-10所示。从数量来看，福建省物流相关的国家自然科学基金项目数和经费总额都远低于全国平均水平（分别约为18项和723万元），由此可见，福建省在较为高端的物流科研项目上，存在着很大的不足，这可能与福建省高水平高校数量较少有关。

表4-9 福建省2018—2022年结题的国家自然科学基金物流相关项目情况

高校	项目数/个	项目总金额/万元
福建农林大学	2	36
福州大学	3	89.5
厦门大学	4	169
厦门理工学院	1	52

表4-10 福建省2018—2022年结题的国家自然科学基金物流相关项目详情

项目名称	项目类型	申请单位	资助经费/万元	申请年份	结题年份
基于波动流理论的供应链质量控制研究	青年科学基金项目	福建农林大学	20	2018	2021
基于大数据的全渠道供应链服务创新机制研究	面上项目	厦门大学	46	2015	2019

续表

项目名称	项目类型	申请单位	资助经费/万元	申请年份	结题年份
供应链管理中企业社会责任的战略和运作决策理论与方法研究	面上项目	福州大学	50	2015	2019
双边混合不对称信息下动态供应链效率优化决策及应用研究：基于"强制造商——强销售商"供应链的视角	青年科学基金项目	福州大学	16.5	2015	2018
基于多米诺效应视角的农产品供应链产品质量风险传播机理与控制策略研究	青年科学基金项目	福州大学	23	2014	2017
基于回购和再制造的闭环供应链模型研究	面上项目	厦门大学	56	2013	2017
农业供应链中价格和数量承诺、市场需求信息披露的研究	青年科学基金项目	厦门大学	19	2017	2020
面向汽车物流 Milk-run 的装箱与车辆路径问题集成研究	面上项目	厦门理工学院	52	2013	2017
农村电商环境下的众包物流在线配送优化研究	青年科学基金项目	福建农林大学	16	2017	2020
基于不确定网购行为的"送货上门"配送优化策略与算法	面上项目	厦门大学	48	2016	2020

2. 福建省科技计划项目情况

福建省自 1998 年到 2022 年共申报了 346 个物流相关科研项目，仅占全部申报项目的 0.5%，平均每年申请 13.84 个项目。从较长时间尺度来看，整体上呈现上升趋势，如图 4-15 所示。值得注意的是，2006—2019 年间，年度申报数在 11~21 项区间，自 2020 年开始，项目申报数开始较大幅度增多。

福建省物流科研项目申报数量位于前十单位，自 1998 年到 2022 年共申请了 201 个项目，申报项目数量的最大值为 41，最小值为 9，平均值为 20.1，中位数为 14。如图 4-16 所示，该图展示了福建省申报物流科研项目数量 Top10 的单位，全部是高校，并没有出现企业。

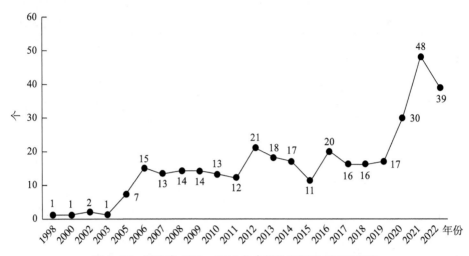

图 4-15 福建省 1998—2022 年申报物流相关科研项目数

注：1999、2001、2004 年无物流项目

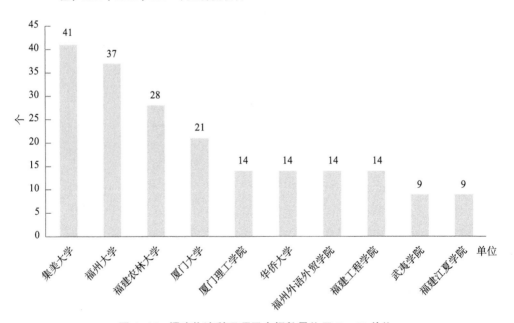

图 4-16 福建物流科研项目申报数量位于 Top10 单位

福建省自 1998 年到 2022 年共立项了 150 个物流相关科研项目，平均每年立项 6 个，立项率达到 43.4%，如图 4-17 所示。从图 4-15、图 4-17 可以看出，物流项目申请数与立项数的整体趋势相似，呈阶梯式上升趋

势，每隔一段时间，立项数量会发生减少。自 2012 年以后，每年立项在 10 个以上，其中 2021 年最多，为 48 个。

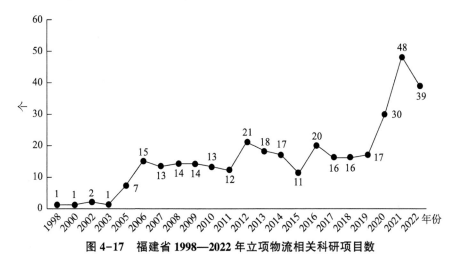

图 4-17 福建省 1998—2022 年立项物流相关科研项目数

注：1999、2001、2004 年无物流项目

如图 4-18 所示，福建省立项的物流科研项目主体以高校为主，企业申请和立项极少。这说明物流企业在科技项目申报方面整体上积极性不

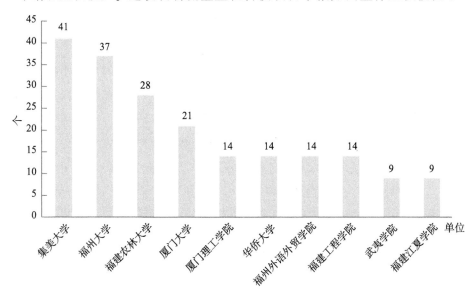

图 4-18 福建省 1998—2022 年物流科研项目立项数 Top10 单位

高，研发水平不高，这也限制了福建省物流产业技术的发展。

三、福建省物流科技创新的主要领域与典型案例

根据中物联平台分会的调研，我国 76% 的物流公司表示愿意进行或扩展其物流服务，尤其是随着我国"数字物流"政策的实施，合作共赢、资源共享已成为必然趋势，而数字物流已将行业和网络进行了深度的整合。数字物流平台的兴起，为传统的物流行业带来了新的机遇。所以，未来的数字化物流将会继续发展壮大。

当前，福建省的物流数字化为当地经济发展提供了有力的支持，推动了先进技术的推广，增加了司机收入，降低了流通成本，不仅为物流企业提高资源配置效率，拓宽盈利渠道，完善服务体系，应对外部挑战，提高核心能力，也促进物流行业长期、稳定、健康发展。

（一）物流网络货运平台领域

1. 物泊科技有限公司

物泊科技有限公司（以下简称"物泊科技"）成立于 2018 年 4 月，注册资金 4.71 亿元，由国内 51 家钢铁原料供应、实体生产企业联合投资，属于软件和信息技术服务业。物泊科技致力于构建智能、高效的网络货运平台，运用大数据、人工智能等技术提升行业物流效率、降低成本。物泊科技拥有上百项知识产权和专利技术，并自主研发了大数据可视化系统（见图 4-19）。近年来，物泊科技在货源组织、车船整合、运输监管、保险理赔等方面的能力不断增强，已逐步发展成为集线上与线下交易于一体、运营网络覆盖全国的大型综合物流服务生态系统。

2018 年 6 月，物泊科技获得莆田市首张具有无车承运人资质的道路运输经营许可证，同年 7 月开始运营，在全国范围开展铁矿石、煤炭等大宗散货无车承运业务。物泊科技股东实力雄厚，最大股东瑞钢联集团有限公司是世界最大的铁矿石贸易商，物泊科技联合了全国各地的 30 家钢铁企业共同出资研发"56 用车"智慧物流平台，平台车源、货源充足。以前钢厂主要是自建物流，或是找物流公司代运，大都采用社会闲散车辆，有时会

出现货物质量变差、缺斤少两等问题，事后难以维权。"56 用车"智慧物流平台有严格的门槛准入机制，注册司机必须证照齐全，同时建立黑名单和白名单制度，保障货物安全。从成立至今，物泊科技的营业额实现几何式增长。物泊科技平台累计营业额 280 亿元，缴税 16.61 亿元。物泊科技在上海、江苏、山西、河南、河北、内蒙古、福建、山东等 20 多个省区市设立了分公司和办事处 70 余家，服务网点遍布全国，在公路铁路、公路水路联运上取得了卓越的成绩。

图 4-19　物泊科技的大数据可视化大屏

物泊科技及其关联企业为广大制造业企业量身定制先进的物联网智能制造整体解决方案，为其带来最高效的生产、经营和运输全流程管理系统，从而推动物流业与制造业的联动发展；主动顺应了产业发展新趋势，搭建互联网信息平台整合社会各类运力资源；运用大数据、云计算、AI 等先进技术，搭建运力交易平台，通过互联网对传统货运物流业进行二次赋能，着力重构中国工业物流范式，让供需得到有效对接，资源得到最优化配置，打造以物流运输为先导的综合型产业互联网平台。

目前物泊科技已成为福建省最大的网络货运平台，是交通部首批无车承运人试点单位，并且拥有无船承运资质。物泊科技也是中国物流与采购联合会会长单位、物联网技术与应用专业委员会副理事长单位、《大宗货物电子运单》行业标准编制小组起草单位、钢铁物流标准委员会副组长工作单位、中国智慧物流十大创新引领企业之一、国家重点物流企业定点调查单位。近年来，物泊科技获得"2019 中国智慧物流十大创新引领企业"、"2019 年度中国十佳创新型物流与供应链平台"、国家首批"5A 级网络货运平台企业"、"2021 年度网络货运平台优秀案例"等荣誉，2021 年入选福建省数字经济领域未来"独角兽"企业。

2. 智旦运宝宝（福建）科技有限公司

智旦运宝宝（福建）科技有限公司（以下简称"智旦科技"）是一家集智慧物流、企业云服务、云计算、大数据、生态配套服务业务于一体的综合型物联网数字服务企业。公司主要项目货运宝，作为专业数字物流服务商，致力于打造具有协同价值的"ABbc"物流服务平台，为合作伙伴提供全流程系统数字服务，赋能物流企业新技术、新方法、新商业，协助物流企业更好地服务于上游客户，包含大宗企业、货主企业、大型集团等，同时货运宝作为物流企业与运力资源的智慧管理枢纽，可以高效协同物流企业与下游散乱运力之间的关系，搭建客户私有运力池，并实现运力资源的智慧调度，构建规模化的高效协同工业互联网服务网络。该平台帮助物流企业实现数字化升级目标的同时，可实现对自身的价值升级及社会价值升级。

2022 年 6 月，在福建省人民政府办公厅公布的《福建省培优扶强工业龙头企业引领产业高质量发展行动计划的通知》中，智旦科技荣膺福建省第四批工业龙头企业。这意味着利用新一代数字技术与物流业务场景创新结合、改变企业为客户创造价值的方式对产业链资源进行优化整合的智慧物流成为区域经济发展重要的"新引擎"。

智旦科技以业务真实性为底线，以信息化技术为核心，以全流程动态监控为依托，拥有物流信息全流程跟踪、记录、存储、分析能力，可以充分保障物流交易真实性。对于没有独立研发能力的传统物流企业，货运宝可以帮助它们构建一体化生态模式，赋能新技术、新方法，为其搭建完善的货运链平台，协助物流企业更好地服务于上游客户，包含大宗企业、货主企业、大型集团等。

作为物流企业与运力资源的智慧管理枢纽，货运宝等物流平台高效协同物流企业与下游散乱运力之间的关系，并实现运力资源的智慧调度，构建规模化的高效协同运输服务网络，帮助传统物流企业实现多方资源的快速无缝对接与高效管理，构建智慧化、数字化、网络化的现代物流企业数字升级平台。

在未来的物流行业发展中，像货运宝等这样的专业物流服务平台对传统物流企业的服务升级、场景业务智慧化与其他智慧化的发展将有着非比寻常的促进作用，这种全链条的物流规划与服务，对构建上下游纵向产业协同体系，实现由线性单链协同转向大规模网链协同的现代供应链管理有着重要意义，可以带动整个物流行业乃至整个经济模式的智慧化发展。

（二）零售企业物流领域

1. 福建东百集团股份有限公司

福建东百集团股份有限公司（以下简称"东百集团"），是上海证券交易所挂牌上市公司，东百集团作为福建商业龙头企业，拥有 64 年的历史，历经国企改制上市和集团化、连锁化、跨越式发展阶段，如今在"传承创新融合·打造百年企业"的愿景驱动下，发展成为"商业零售+智慧物流"双轮驱动的大型商业集团，进入规模化发展阶段。依托 64 年商业运营的经验，东百集团打造了一支在招商、运营领域的专业团队，为商业零售"做强福建，走向全国"的发展战略和轻资产管理输出夯实基础。同时，集团第二大支柱产业东百物流，也吸纳了来自知名物流企业的管理人才，助力其实现专业化的快速发展。

作为专注于生活消费领域的基础设施提供商和运营商，东百集团在巩固商业零售优势的基础上，于 2016 年积极拓展业务版图，成功布局物流板块。截至 2020 年，东百物流在全国拥有 18 个物流产业园，在建在管项目面积数百万平方米。东百物流以"提高社会物流效率"为使命，以不动产投资创造载体，引入与当地产业配套的供应链企业，业务范围包括大规模网络化的高标准现代化仓储设施、定制化物流设施及物流产业园的开发和运营。合作对象主要为京东等大型电商及第三方物流企业，以及国内外大型产业基金。通过把握宏观经济环境的发展和项目所在城市产业结构调整的机遇，东百物流梳理和完善产能投资逻辑，实现资源快速储备。围绕京津冀、长三角、粤港澳大湾区、长江经济带及"一带一路"中西部重要节点城市开拓版图。

2. 福建永辉集团有限公司

福建永辉集团有限公司（现永辉超市股份有限公司，以下简称"永辉"）作为中国大陆第一家将生鲜农产品引进现代超市的流通企业，是福建省"商业流通及农业产业化"的双龙头企业，被国家七部委誉为中国"农改超"开创者。如今，它已经成为以零售业为龙头，以现代物流为支撑，以现代农业和食品工业为两翼，以实业开发为基础的大型集团企业。目前，永辉在福建、浙江、广东、重庆、贵州、四川、北京、上海、天津、河北、安徽、江苏、河南、陕西、黑龙江、吉林、辽宁、山西、江西、湖北、湖南、云南、广西、宁夏等24个省份已发展近900家连锁超市，位居2017年中国连锁百强企业6强、中国快速消费品连锁百强企业4强。

作为国内商超龙头企业之一的永辉超市，近年来日益重视科技赋能、数据应用，在对供应链物流系统进行升级改造后，已经初步尝到了新技术"加持"新零售的甜头。据了解，福建永辉超市智能拣货系统自2019年9月运行以来，至今已实现配送货物25亿元，物流配送效率大大提高，物流中心员工成本大大降低。

据介绍，位于福州南屿永辉物流配送中心（见图4-20）的智能拣货系统总投资3000万元，现有机器人90台，这些拣货机器人、自动分拣线等智能设备的投用，使物流中心进一步减少了人工数量、降低了成本、提高了配送效率（见图4-21）。该智能拣货系统目前设置SKU近8000个，日均有库存SKU数约5900支，通过该系统日处理任务数1万种，件数3000件（见图4-22）。系统的相关作业数据信息还能实时显示在智能大屏幕上，管理人员可以随时跟踪中心作业情况。

据该中心负责人介绍，系统投用后，中心操作人员数量减少了三分之二，流通效率提高了 3 倍，该中心对全省门店的物流辐射能力更加强劲，对超市经营业绩提升的支撑作用更加强大。业内人士指出，科技赋能新零售，将进一步构筑行业壁垒，大大提升永辉等零售企业的市场竞争能力。

图 4-20　占地 40000 多平方米的福州南屿永辉物流配送中心

图 4-21　智能机器人的大量运用，大大减轻了员工的工作负担

图 4-22 永辉物流中心高度现代化的作业场景

厦门锐特信息技术有限公司为永辉倾力打造协同高效的智能物流平台，围绕订单管理、运输管理、结算管理三个子系统进行信息化建设，后期将支持永辉物流全国 16 个分基地的业务运营。通过 OMS（订单管理系统）建设形成订单、库存、可视化等数据统一的管理平台，实现多渠道订单的统一管理，建设永辉物流总体订单池、库存中心、供应链计划协同预测等功能；在运输层面，通过有效数字化、可视化管控，以数字化、移动化为纽带加强客户、调度部门、承运商、司机、门店的信息交互，减少人工沟通成本；与此同时，打造 BMS（结算管理系统），实现精细化物流费用的计算；通过 RP（风险溢价）业务数据集成，实现仓储费用的计算；应收/应付账单的行程，助力永辉物流向专业的 3PL（第三方物流）发展；通过智能物流平台的应用，打通线上线下渠道，实现永辉精细化物流服务的孵化。智能物流平台建成后，将实现计划→营销→采购→销售全部流程的打通，提升物流供应链效率，提升服务质量，升级消费者体验，最终有效支撑永辉新零售业务发展。

（三）物流科技创新园区

1.象屿智慧供应链产业园

作为厦门市最大的城市民生物流园区，象屿智慧供应链产业园是厦门象屿集团有限公司（以下简称"象屿集团"）立足厦门、服务东南、联通全国、联接国际，面向民生物资、智能制造、高端商贸产业客户打造的现代物流产业"新地标"，成为厦门打造国家级、国际性物流枢纽的重要支撑项目和抓手。

象屿智慧供应链产业园位于厦门市马銮湾新城前场物流产业集聚区，总占地面积约321012平方米，总建筑面积约29万平方米，计划建设11栋高标准仓库、写字楼及展示中心。这个物流园区是象屿集团2022年的重点工程项目，也是象屿集团着力打造现代物流园区的标杆项目，通过引进先进理念和技术，建设现代物流园区。

象屿智慧供应链产业园区的智慧化具体体现在三个方面。

第一，园区管理的高度数字化。园区管理系统集招商管理、物业服务、安全消防、设施设备管理、公共服务、业务系统于一身。业务系统包括仓储管理、运输管理、多式联运、采购贸易、供应链金融等。基于互联网、5G、AI、区块链等智慧技术的应用，象屿智慧供应链产业园在项目功能设计中强化了其对数据和信息资源利用的能力，提高了园区运营管理和服务的能力。以科技赋能，使得象屿智慧供应链产业园成为以现代物流和供应链管理为特色的标杆示范园区；实现园区统一数据库、多业务系统的交换和共享、第三方应用系统接入的功能，使得园区整体管理系统能够协同各个业务子系统，提供统一入口、一致性服务。

象屿集团集成智能终端、电子签章、人脸识别、线上支付、视频采集、RPA、AI等技术，升级数字化仓库，实现仓储可视化管理、无纸化作业，可签发电子仓单；同时，象屿现代物流服务平台通过相关技术，与客户、船东、船代、码头、仓库、车队等实现数据实时共享、上下游互联互通，解决多物流环节的数据集成问题，客户还可通过电脑端及移动端门户实时跟踪物流动态，体验更便捷高效的智慧化物流服务。这些智慧化的技术和运营管理都将在新园区内得到运用和体现。

第二，园区内物流系统和设备的自动化和无人化。如存储系统中大量应用托盘密集存储、料箱密集系统；分拣系统大量应用高效率的自动化分拣机和智慧化 AGV（自动导航运载车）；搬运系统大量应用输送机、无人叉车等；还辅助大量读码器、打包机、自动贴签等自动化设施设备。这些都使得象屿智慧供应链产业园朝着操作无人化、运营智慧化、决策智慧化的目标发展。

第三，以智慧化园区和数字化运营为核心，延伸供应链服务，提供一站式场内场外智慧化运营服务。如象屿通过电子仓单、智慧化设备等标准化、信息化管理，让银行可以准确掌握质押货物信息、仓储情况，从而认可象屿标准化货权管控能力和货物销售处置能力，给上下游中小企业提供融资支持。

在管理方面，象屿智慧供应链产业园将实现数字化协同管理，形成数据辅助决策；在运营方面，通过科技化运营，全面提升管理能力与服务体验感。如资产管理方面，通过物联网平台接入园区所有设备设施，资产管理平台便可以实现园区的资产全生命周期管理，保障资产安全、高效运作，一旦发生异常，该平台能够第一时间获悉、快速响应与处理。通过资产数字化底盘，实现现场运营标准化、可视化、智慧化。再如运营调度方面，通过运营中心中控管理模式，统一调度，将所有日常、异常、应急类事件，进行不同规则的管控，事件一旦发生，该模式就自动进入流程，驱动责任人快速响应与处理，督促、跟踪任务完成情况。

2. 福州现代物流城

福州现代物流城位于福州市连江县丹阳镇西南部，是福建省重点打造的"六个城"之一，总规划面积 26905700 平方米。近年来，福州市紧紧围绕打造国家物流枢纽重要载体、东南区域物流集散中心的目标，按照"一年一个样、三年大变样、五年新城样"的工作要求，以招商引资、项目建设为抓手，推动现代物流城从沃野千里到塔吊林立。

物流城以物流、制造、商贸为主导功能，定位为现代产业新城，计划到 2025 年实现 100 家以上企业入驻投产，产值达 1000 亿元。目前，已落地产业项目 17 个，总投资 180 亿元；动建产业项目 9 个、基础设施项目 13 个，总投资 269 亿元。

福州现代物流城以智慧化、数字化为主导，引进和采用了许多先进的物流科技。例如，京东福州智能供应链运营中心规划用地 222 亩，计划总投资 8 亿元，拟打造集智能仓储中心、智能分拨中心、智能转运中心、订单生产中心、运营结算中心、电商运营基地等于一体的综合产业园区，投用后将助力福州现代物流城打造成服务全省、辐射全国的东南区域物流集散中心。新希望鲜生活冷链东南运营中心项目建设集农副食品精深加工、中央厨房、仓储中转冷链物流等于一体的现代化食品综合供应链基础服务园区，已于 2023 年竣工。

总的来说，福州现代物流城在物流科技方面已经取得了一定的成果，但仍需进一步加大投入和政策支持力度，促进其健康、快速发展。

3. 厦门国际物流园区

厦门国际物流园区是厦门市重点发展的物流园区之一，位于厦门市翔安区。园区以港口物流、航空物流、电商物流等为主要发展方向，已有多家知名物流企业入驻。

厦门国际物流园区注重引进和采用先进的物流科技，以提高物流效率和降低成本。例如，园区内建设了智能物流系统，实现了自动化、智慧化的货物分拣、装卸和运输。此外，园区还采用了物联网技术，实现了货物的实时监控和追踪，提高了物流的安全性和可靠性。

同时，厦门国际物流园区还积极推动物流行业的数字化转型。园区内企业广泛应用大数据、云计算等技术，实现了数据的共享和协同作业。此外，园区还建设了物流信息平台，为入驻企业提供全方位的物流信息服务，帮助企业更好地掌握物流运作情况，提高物流决策的准确性和及时性。

随着物流行业的持续发展和全球化进程的不断推进，物流科技产业集群已经成为当今世界经济发展的重要组成部分。物流科技产业集群是经济发展的重要载体之一，它可以激发出城市经济的巨大潜力，推动当地城市跨越式发展。

（四）制造企业物流领域——安踏晋江仓打造新型智慧仓储系统

随着安踏体育用品集团有限公司（以下简称"安踏"）直接面对消费者（Direct to Consumer，DTC）模式的推进，对其供应链能力提出了更高要求。为此，安踏携手深圳市海柔创新科技有限公司（简称"海柔创新"）共同打造新型智慧仓储系统，通过引入"货箱到人"智慧物流解决方案，使安踏晋江仓实现升级革新。

在新消费群体崛起和消费需求变化等多重因素影响下，国货消费近年进入高速发展通道，国产运动品牌也迎来新机遇，安踏的表现尤为亮眼。根据安踏体育发布的2021年年报数据，2021年安踏体育实现收益约493亿元，同比增长38.9%。据安踏体育分析，此轮收益的显著增长，得益于电子商务的增长、DTC模式和疫情的缓和。

2020年8月，安踏开始采取DTC模式的战略转型，在中国11个地区（包括长春、长沙、成都、重庆、广州、昆明、南京、上海、武汉等热门城市）开展混合运营模式，涉及安踏门店共约3500家，当中约有60%由公司直营，40%由加盟商按照安踏新运营标准运营。目的是去掉中间商环节，将产品直接卖给消费者。该模式以消费者为中心，同时打通线上线下全渠道，具有更强的自主可控性、更低的触达用户成本等特点。目前，安踏DTC业务（直营店+电商）占比已接近70%，其中总计6000家门店中的约52%为安踏直营。按业务模式划分，2021年安踏分部DTC占收入比重最高，由2020年同期的9.3%提升至35.6%。

DTC模式的推进，无疑对安踏的供应链能力提出了更高要求。作为鞋服物流的核心环节，仓储场景已经成为供应链转型关注的焦点。为应对销量不断增长、人工成本增加、个性化需求多样等因素的影响，安踏集团携手海柔创新对晋江物流园原有的智能仓储中心进行升级革新，共同打造新型智慧仓储系统。

1. 寻求更加柔性高效的物流系统

据海柔创新鞋服行业解决方案负责人张瑞介绍，近年来拣选作业正在成为困扰诸多鞋服企业仓储作业的最大难点和挑战。一方面，"仓库员工月流失率15%，年流失率180%"是该行业普遍存在的情况；另一方面，个性化的消费需求使得SKU激增，订单变得更加零散和碎片化，传统的存储和作业模式不再适用。除了这些共性问题，DTC模式还对安踏原有的物流体系提出了更高要求，包括更大的拆零作业量和时效性更强的订单交付能力，这些都需要更加柔性、灵活和高效的仓储系统，来实现商品的快进快出，提高供应链响应能力，降低库存积压风险。

在此背景下，2020年安踏集团物流部经过多方考察对比，最终选择与海柔创新进行合作，在其晋江仓引入"货箱到人"智慧物流解决方案。

2. 安踏晋江仓项目概况

安踏晋江仓项目于2021年8月正式上线。在安踏晋江仓约4800平方米、5米高的仓储环境中，海柔创新设计了入库上架区、存储区和拣货作业区。项目采用"库宝HAIPICK A42多层料箱机器人+HAIPORT自动装卸机+高效的输送线拣选系统"，提供了多套符合人机工程学的高效输送线拣选工作站和入库工作站，其中在约2000平方米的存储区中设计了高11层的料箱货架，提供了约20000个储位；可满足纸箱、料箱混合入库、拣选、出库业务的需求，适配2B、2C两种不同业务形态的订单处理，实现2万件/小时的出库流量需求。

3. 主要作业流程及特点

安踏晋江仓采用的ACR（箱式仓储机器人）解决方案，衔接了从入库、上架，到拣选、出库的所有作业流程，并在库内布局设计和设备组合应用方面实现了一系列优化，具体包括以下几点。

入库作业：设置了一条入库输送线，借助人工换箱，把入库的箱子投到输送线上，通过HAIPORT自动装卸机，可以在5秒内实现8个箱子的一次性装卸，提高系统的整体作业效率。同时，库区采取冷热库存分布设计，采用机器人自动搬箱上架的方式取代了传统操作中人工寻找库位入库上架的步骤。

拣选作业：采用了一套环形输送线的拣选系统，减少机器人的搬箱次数，一个箱子搬出后可以供多个工作站进行拣选。拣选颗粒度细化到料箱，这意味着如果同一个 SKU 大批量发货，机器人可以把整个托盘上的货品拆成多个箱子送至不同的工作站，减少工作站等待箱子的时间，实现更灵活、更柔性的拣选作业。

同时，鞋服行业通常都有同款集中、同款装箱的需求，但这种需求在传统的人工仓中很难实现。海柔创新的 ACR 解决方案，通过软件算法和调度系统解决了这一问题：在拣货时就将同款拣选在一个箱子里，以保证货品到末端门店时可以快速上架、陈列。

4. 技术亮点

第一，"货箱到人"的拣选模式解决了鞋服仓储作业面临的"用工荒"难题。一方面，通过更加贴合人体工学的设计方案，使员工作业动作更加连贯，拣选效率得到明显提升；另一方面，拣选人员的作业内容更加简洁，只需要在工作台按照系统提示进行拣选，提升员工的留存率和实现员工快速培训上岗，减少对熟练员工的依赖。

第二，随着整个鞋服消费市场变化，SKU 增加，订单更加碎片化，传统的仓库作业模式已经很难应对新的作业需求。针对这些变化，ACR 解决方案一方面通过更高的货架存储方式提升存储密度和拣选位数量，10 米以下仓库，垂直利用率高达 95%，提高 80%～400% 的存储密度；另一方面，通过"仓储机器人+多种工作站"设计，可实现货到人拣选，降低拣选难度，人工拣选效率提升 3～4 倍，拣选准确率达到 99.99% 以上。

第三，由于安踏对订单交付的时效性要求比较高，高流量出库作业为解决方案带来一定挑战。对此，海柔创新采取了优化软件算法和部分拣选系统硬件、改善作业动作等方式，持续提升整体作业效率。

鞋服行业是海柔创新的"基本盘"，目前 ACR 解决方案在该行业已经有超过 200 个落地案例，均 100% 交付。同时，海柔创新还组建了专业服务于鞋服装行业的团队，基于仓储机器人产品贴合鞋服行业不同的应用场景提供多种解决方案，助力客户实现更高效、更智能的仓储自动化升级。

5. 效果显著

数据显示，安踏晋江仓项目上线后，实现入库产能 1000 箱/小时，整体出库产能 20 万件/天；出库效率为 20000 件/小时，是传统人工的两倍以上。

　　事实证明，海柔创新 ACR 解决方案有效推动了安踏仓储物流环节的降本增效，在其升级供应链能力过程中发挥了重要作用。

第五章　福建省物流科技发展的政策与支撑

一、福建省政府在物流科技发展中的角色与作用

（一）政策制定和引导

福建省政府通过制定和实施相关政策，引导和支持物流科技的快速发展。例如，省政府出台了一系列鼓励物流企业创新、技术升级的政策和措施，包括财政补贴、税收优惠、金融支持等，为物流企业提供了更多的发展机遇和空间。

近年来，福建省政府各部门出台的这些相关的文件，快速推进指导物流业的发展，加快物流业供给侧结构性改革，切实实现物流业降本增效，推进物流业转型升级，提升物流业发展水平，为国民经济发展提供有力支撑。其中，物流技术作为物流重要组成部分，尤其是供给侧的重要构成，各个地方的文件也分别从不同角度对其提出指导，为物流技术的发展创造了良好的政策环境。

充分认识到促进物流业技术创新发展对于物流业转型升级、提供有效供给的重大意义，福建省不断采取有力措施，各项鼓励政策有效落到实处、见到实效。各地方加大扶持力度，鼓励创新物流技术、降低物流成本，如表5-1所示。

表 5-1　福建省发布相关政策一览表

序号	发文时间	发文部门	政策文件名称	有关物流技术内容
1	2023 年 3 月	福建省工业和信息化厅 福建省发展和改革委员会 福建省交通运输厅 福建省农业农村厅 福建省商务厅 福建省邮政管理局	《福建省现代物流业高质量发展实施方案（2023—2025 年)》	一是加快物流设施智慧化。加快新一代信息技术在物流领域的应用，布局建设一批智慧物流园区、智慧港口、智慧口岸、智慧云仓、智慧多式联运场站、智能快递箱、冷链智能自提柜、智能充换电站等物流设施，构建智慧物流设施网络 二是加快物流设备数字化、智慧化。推广自动存储系统、智能分拣系统、无人分类码库、无人机、无人车等智能装备应用，发展机械化、智能化立体仓库，加快普及"信息系统+货架、托盘、叉车"的仓库基本技术配置，推动平层仓储设施向立体化网格结构升级 三是推动物流信息跨部门、跨区域、跨平台互联互通，鼓励物流企业"上云用数赋智"，大力发展"互联网+"车货匹配、"互联网+"运力优化、"互联网+"运输协同、"互联网+"仓储交易 四是推进智慧高速公路、5G+智慧港航应用等试点示范工程，完善智能交通技术规范与标准体系 五是研究多式联运"一单制"标准体系框架，优化海关通关服务，探索形成与标准化"一单制"业务模式相匹配的通关模式
2	2022 年 3 月 7 日	福建省人民政府办公厅	《福建省人民政府办公厅关于印发福建省加快农村寄递物流体系建设实施方案的通知》	鼓励有条件的县乡村布设智能信包（快件）箱 鼓励发展农村快递末端服务，对于开办快递服务站、运营智能快件箱经营快递业务的企业，鼓励其将服务资源向农村地区倾斜。对于将 70%以上的快递服务站（智能快件箱）设置在农村地区的企业，在申请快递业务经

序号	发文时间	发文部门	政策文件名称	有关物流技术内容
				营许可时，快递服务站（智能快件箱）数量要求比照现行规定降低30%执行。推进"互联网+政务服务"，对于开办快递服务站、运营智能快件箱面向农村地区提供快递末端服务的企业，实施末端网点批量在线备案，备案回执在线下载，实现"一次都不用跑"
3	2018年12月30日	福建省人民政府办公厅	《福建省人民政府办公厅关于印发福建省运输结构调整工作实施方案的通知》	鼓励铁路运输企业增加铁路集装箱和集装箱平车保有量，提高集装箱共享共用和流转交换能力，利用物联网等技术手段提升集装箱管理和综合信息服务水平 鼓励福州、厦门、泉州等地骨干龙头企业在运输装备研发、多式联运单证统一、数据信息交换共享等方面先行先试，充分发挥引领示范作用。支持各地开展集装箱运输、商品车滚装运输、全程冷链运输、电商快递班列等多式联运试点示范创建 构建以多式联运信息交换共享为导向的物流信息体系。加快建设完善智慧交通数据平台，推进"铁公水空邮"、电子口岸、海关、市场监管等多种运输方式、多部门数据交换与汇聚，强化政务信息共享和业务协同。加快完善铁水联运信息交换接口标准体系，推进业务单证电子化，促进铁路、港口联运信息互联共享。推广应用车货动态匹配、集装箱定位跟踪等技术，促进多式联运全流程、各环节信息资源的互联共享。至2019年底，福州港、厦门港实现铁水联运信息交换共享；至2020年底，基本实现资质资格、认证认可、口岸查验、违法违章、信用评价、政策动态等服务信息一体化，基本实现全省多式联运公共信息交换共享

续表

序号	发文时间	发文部门	政策文件名称	有关物流技术内容
4	2021年8月20日	福建省人民政府办公厅	《福建省"十四五"现代综合交通运输体系专项规划》	新一代先进信息技术与交通运输深度融合，交通运输基础设施和运载装备的数字化采集体系、网络化传输体系、智能化应用体系基本形成，基础设施和装备智能化水平大幅度提升，交通运输领域新基建实现新突破。行业整体数字化水平显著提升，信息资源深度开放共享，应用更加广泛智能，"智慧交通云"建设迈上新台阶 推进全省港口、机场、客货运枢纽、物流园区便捷互通、信息共享、功能互补，共同打造多节点支撑、协同发展的综合交通枢纽体系 鼓励全省枢纽港站信息共享，推动形成全省枢纽体系协同联动、集成发展新格局 推进联运票务一体化，鼓励不同运输方式依托互联网等信息化手段，加强深度合作，积极发展"空铁通""空巴通"和公铁联运、海空联运等服务产品，进一步优化客运运输结构 发展绿色集约的运输组织方式。持续优化运输结构，积极推进多式联运高质量发展，加快多式联运信息共享，推动多式联运"一单制" 支持汽车租赁异地租车还车信息服务平台建设，推动交旅融合产品融入全省旅游联盟在线网络交易平台，全面打响"清新福建""全福游、有全福"旅游交通品牌 开展人工智能、物联网、北斗导航、5G网络、大数据等新一代信息技术交通应用示范，打造智能航空、智慧轨道、智慧港航、智慧高速、智慧公路、智慧枢纽等新型智能化管理交通基础设施，建设新一代全息感知与智能管控智慧道路试点工程和无人集装箱码头示范区，推进智慧停车平台、冷链物流园区、智能仓储、智慧物流等建设，提升智

序号	发文时间	发文部门	政策文件名称	有关物流技术内容
				能化水平。 打造智慧交通云。持续完善"1151"福建"智慧交通云"总体框架，推进数据资源赋能交通发展，建设公路、港口、航道等智能感知系统，重点实施综合交通运输信息平台、全省交通大数据中心、交通运行监测调度中心（TOCC）等，持续开展高速公路、普通公路、港口航道、道路运输、综合执法、质量监督、工程造价、综合安监、行政审批等业务应用系统建设，整合完善现有信息系统，深化交通公共服务和电子政务应用，完善网络安全保障体系，提升交通运输数字化、网络化、智能化水平
5	2019年3月31日	福建省人民政府	《福建省人民政府关于加快平台经济发展的实施意见》	培育一批国内知名的工业互联网行业应用平台、电子商务平台和物流服务平台，发展一批国内领先的信息消费、家庭服务、健康医疗等细分领域平台 加快建设无车承运人、多式联运等物流平台，发展第三方物流、智能仓储及城市配送快递、农副产品生鲜冷链、企业集采售后服务等专业化互联网物流服务平台。 鼓励快递物流企业构建智慧物流体系，支持快递企业和电子商务企业参与仓配一体化项目建设
6	2021年6月7日	福建省发展和改革委员会	《福建省发展和改革委员会等8部门关于印发〈福建省关于加快推进快递包装绿色转型实施方案〉的通知》	引导电商企业与商品生产企业合作，设计应用满足快递物流配送需求的商品包装，提高包装产品与寄递物品的匹配度，共同落实快递包装相关标准和规范。推广电商快件原装贴单直发，推进产品与快递包装一体化等，减少电商商品在寄递环节的二次包装 开发应用快递包装操作和分拣配送自动化、信息化、智能化设施，提升快递行业集约化管理水平。加强产学研衔接，加大快递绿色包装技术攻关和成果转化力度

续表

序号	发文时间	发文部门	政策文件名称	有关物流技术内容
7	2021年1月20日	福建省发展和改革委员会	《福建省发展和改革委员会关于印发〈推进全省现代物流体系建设的若干措施〉的通知》	支持快递企业在自贸区、综合保税区、保税物流园区等区域内建设跨境快件物流中心，提供统一采购、仓储和配送等服务，推动快递企业物流信息系统与跨境电子商务通关服务平台、跨境电子商务平台实现信息对接与数据共享，为跨境电子商务企业提供物流信息一体化服务 支持冷链物流园区、大型冷库、原产地预冷设施、信息平台等项目建设。依托供销系统优势，面向特色生鲜农产品优势产区、集散地和消费市场，加快构建全省供销系统骨干冷链物流设施网络 支持物流园区和大型仓储设施推广应用物联网技术，鼓励货运车辆加装智能设备，加快数字化终端设备的普及应用，实现物流信息采集标准化、处理电子化、交互自动化。积极发展机械化、智能化立体仓库，加快普及"信息系统+货架、托盘、叉车"的仓库基本技术配置，推动平层仓储设施向立体化网格结构升级。加强物流机器人、自动分拣设备等智能化物流装备的研发创新和推广应用。培育一批物流企业技术中心，支持具备条件的物流企业申报高新技术企业
8	2021年4月	福建省工业和信息化厅等十五部门	《关于进一步促进服务型制造发展的实施意见》	优化供应链管理模式。支持制造业企业建设智能仓配一体化项目，优化供应链管理，促进供应链各环节数据和资源共享，培育制造业物流业深度融合创新发展示范企业。支持有条件的制造业企业面向行业上下游开展集中采购、供应商管理库存（VMI）、精益供应链等模式和服务，提供专业化、一体化服务，形成高效协同、弹性安全、绿色可持续的智慧供应链网络。鼓励发展网络货运平台、供应链协同平台，推动供应链标准化、智能化、协同化、绿色化发展。持续培育省级示范物流园区，加快实施物流园区提升工程包

序号	发文时间	发文部门	政策文件名称	有关物流技术内容
9	2021年10月	福州市人民政府办公厅	《福州市人民政府办公厅关于印发促进现代物流业加快发展八条措施的通知》	鼓励企业争创国家级、省级示范物流园区，对新评为国家级、省级示范物流园区，在享受省级奖励的同时，市本级给予配套奖励。支持物流企业参加国家A级物流企业、网络货运企业以及星级冷链物流企业评定，对新评为国家3A、4A、5A级的物流企业、网络货运企业以及三星、四星、五星级的冷链物流企业，分别给予一次性奖励，升级予以补差奖励

（二）基础设施建设

政府在物流基础设施的建设方面发挥着主导作用。这包括建设公路、铁路、航空和海运等交通基础设施，以及物流园区、配送中心等仓储设施。

首先，政府加大了对物流园区的投入和建设力度。物流园区是物流业的重要基础设施，政府通过投资建设一批现代化的物流园区，如晋江市现代物流园区，并给予入驻企业一定的政策扶持，吸引了众多物流企业进驻，进一步壮大了福建省的物流产业。再如福州市政府在连江县规划用地按照"低碳、生态、智慧"的发展理念，规划定位为以物流、制造、商贸为主导功能的现代产业新城，建成"海丝国际物流通道门户、国家物流枢纽重要载体、东南区域物流集散中心、现代智慧物流示范样板"。

其次，政府积极推进多式联运发展。多式联运是现代物流的重要特征，政府加强了与周边省份的合作，打通了海铁、公铁、空铁等多式联运通道，提升了福建省的物流通道能力和运输效率。

再次，政府加强了对农村物流基础设施的建设。福建省政府办公厅出台了《福建省加快农村寄递物流体系建设实施方案》，旨在加快推进农村寄递物流体系建设，推动农村地区流通体系建设，助力乡村振兴。农村物流是现代物流的薄弱环节，政府通过投资建设农村客运站、农村货运站等基础设施，推动了农村物流的发展，提高了农村地区的物流服务水平。

最后，政府鼓励社会资本参与物流基础设施建设。政府通过出台相关政策，鼓励企业和社会资本投资物流基础设施，同时加强了与金融机构的合作，为物流基础设施建设提供了资金支持。

总之，福建省政府加强了对物流基础设施的投入和建设。政府加大了对交通、仓储、配送等基础设施的投入力度，改善了物流条件和环境，为物流业的发展提供了坚实的基础。同时，政府还积极推动物流信息化建设，加强信息共享和交流，提高了物流运作的效率和准确性。

（三）物流技术标准化建设

物流标准化是保障物流运作安全便利、高效畅通的重要手段，对于提高物流服务水平、降低物流成本、促进物流业健康发展，增强国际竞争力具有重要作用。物流技术的标准化是物流标准化中重要的组成部分，是物流技术革新普及的重要支撑保障。

近年来，为加快福建省物流标准化建设进程、降低物流行业总体运作成本并提高物流效率，在各相关方的一致努力下，福建省物流标准化建设取得了一定成效。

1. 政策推动物流标准化工作开展

福建省政府相关部门及各地政府部门高度重视物流标准化工作，多次在物流发展规划等纲领性文件中强调标准化工作，切实推动福建省物流标准化建设。

福建省商务厅等 9 部门印发《商贸物流高质量发展专项行动工作方案》（以下简称《工作方案》），在《工作方案》中提出为了提升商贸物流标准化水平，要引导商贸物流企业使用标准托盘（1200mm×1000mm）、标准物流周转箱（筐）等物流载具，对上下游物流设备设施进行标准化改造。推动应用全球统一编码标识（GS1），拓展标准托盘、周转箱（筐）信息承载功能，推动托盘条码与商品条码、箱码、物流单元代码关联衔接。鼓励发展带板运输，支持货运配送车辆尾板改造。探索构建开放式标准托盘、周转箱（筐）循环共用体系，支持配套设施建设。积极推荐标准化工作成绩突出的商贸物流企业及个人参与标准化工作有关表彰和激励。

福州市人民政府办公厅印发《促进现代物流业加快发展八条措施》（以下简称《措施》），在《措施》中明确提出推广物流标准化，支持企业租赁使用符合国家标准 1200mm×1000mm 规格和质量要求的托盘、600mm×400mm 模数系列尺寸的周转筐（箱），支持新建或改造与标准托盘、周转筐（箱）相匹配的运输车辆（外廓为 2550mm、冷链车辆外廓为 2600mm）、货架、叉车、月台等物流标准化设施设备，发展从生产端到销售端的带托一贯化作业模式、从农产品生产基地到销地的"不倒筐"模式以及"周转箱+托盘"的连接单元包装和无包装模式。年度投资额 100 万元以上，标准托盘、周转筐（箱）的月平均租赁个次 3000 个以上，按不超过投资额的 20%，最高 100 万元予以补助。

福州市人民政府办公厅印发《福州市"十四五"物流业发展规划》（以下简称《规划》）。在《规划》中提出推广"物流+标准化"的新模式，加快培育以第三方物流企业为核心推动托盘标准化建设的新模式，鼓励物流企业构建标准托盘共用系统，建立健全标准托盘互认机制，推动标准托盘在上下游企业间的流转共用，进一步提升物流效率、社会效益。引导托盘租赁服务企业整合托盘供方、需方等各类资源，搭建托盘循环共用网络平台，提升标准托盘循环使用效率，降低物流成本。加大物流标准的宣传和贯彻实施力度，开展物流标准化专项培训工作，强化物流标准化应用。支持龙头物流企业积极参与国家标准、行业标准和地方标准制定工作。

三明市人民政府印发《三明市物流业发展专项规划 2019—2025 年)》。在该专项规划中提出了加快推进国家物流标准化试点建设，强化标准化对商贸物流支撑，加快建立标准化体系，制定托盘等标准并加快应用。全面争取物流标准化专项结余资金留于我市，继续用于商贸物流项目建设，打造三明物流标准化"升级版"。制定零担物流货运场站、物流管理及服务、危险品（化工）物流服务等地方服务规范，建立覆盖运输、仓储、装卸、包装、加工及物流信息化等标准体系。开展标准化托盘循环共用试点，促进相关配套设施设备的标准化改造，逐步在重点物流企业和重点物流园区开展标准化运用试点。

2. 组织制（修）定物流标准体系

政府在各相关方参与下制定了以下标准。一是《福建省危险品物流标准体系研究及示范应用》，该文件对福建省危险品物流行业发展现状及趋势进行了研究，探讨了福建省危险品物流标准化建设的现状及问题，构建了福建省危险品物流标准体系。该体系作为规划福建危险品物流标准化工作发展的方向性指南文件，为危险品物流运作实施规范化管控提供技术支撑，为及时快速应对突发事故提供了方向指引。二是《福建省物流标准体系构建及重要技术标准研究》，该文件通过对国内外物流标准化发展现状及趋势进行研究，探讨了福建省物流标准化建设的现状及问题，构建了福建省物流标准体系。该标准体系作为规划福建省物流标准化工作发展的方向性指导文件，对于福建省物流行业健康发展有重要的现实意义。三是《海西物流标准服务平台及重要服务标准研究》，该文件通过对国内外物流标准化发展现状及趋势研究，探讨了海西区域物流标准化建设的现状及问题，形成了海西物流标准体系，并构建了海西物流标准服务平台，该平台作为推广海西物流标准的信息载体，对海西物流发展具有重要的现实意义。四是《两岸冷链物流标准体系研究》，该文件研究分析了两岸冷链物流发展业态、标准化现状及存在问题，在此基础上构建了系统全面、结构合理、层次分明、重点突出的两岸冷链物流标准体系，并针对标准结构图和明细表进行了统计分析和深入研究，提出两岸冷链物流行业未来拟研制标准方向，实现了预期目标。除此以外还制定了包括《冷藏食品物流包装、标志、运输和储存》《冷冻食品物流包装、标志、运输和储存》《基于eb-XML 的发货通知报文》等在内的多项关键技术国家标准。

3. 深入研究有关课题，构建专业物流标准体系

由标准化工作主管机关牵头，科研院所、高等院校、龙头企业、行业协会等共同组建项目研究团队，申报并完成了多项国家级、省级物流标准化科研项目，并在此基础上研究构建了海峡两岸物流信息标准体系、两岸冷链物流标准体系、福建省交通物流信息服务工程标准体系。

4. 创新标准成果应用，产生良好社会效应

福建省十分注重标准成果应用，主动将成果应用于政府相关部门和龙

头企业，取得了良好的社会效应。由标准科研院所构建完成的福建省交通物流信息服务工程标准体系，在福建省交通厅获得全面应用，由此形成的电子运单标准可适用于道路运输企业客户端和服务器端之间的电子运单数据交换，能有效采集运单数据，有助于相关部门准确、及时、全面了解区域道路运输的基本情况。此外，积极开展物流标准化试点示范建设，先后将名成集团有限公司、福建鑫展旺物流有限公司等多家物流企业纳入试点建设，通过试点项目的建设和实施，标准成果在企业取得了良好的应用成效。

（四）科技创新支持

政府通过财政拨款、税收优惠等方式，鼓励和支持企业进行物流科技创新。这可能包括对研发活动的财政支持，或者对采用新技术、新设备的企业给予一定的补贴。

福建省设立了物流科技专项资金，为物流企业、科研机构等提供财政支持，用于支持物流科技的研发、成果转化和产业化。对采用先进物流技术、设备的物流企业，福建省给予一定的税收优惠政策，以降低企业的成本。政府还鼓励金融机构为物流科技企业提供贷款、融资等金融服务，支持物流科技企业的发展。福建省政府出台了《福建省"十四五"物流业发展规划》，其中明确提出要支持高校、科研机构和企业开展物流科技研发，鼓励产学研合作，推动物流技术的创新和升级。

（五）行业监管

政府还需要对物流业进行监管，确保行业的规范发展。这可能包括制定和执行行业标准，对企业的运营活动进行监督等。

首先，制定和执行法规标准。福建省政府制定了一系列物流相关法规和标准，包括《福建省物流业管理办法》《福建省物流标准化建设指南》等，规范了物流企业的经营行为，提高了物流行业的整体水平。

其次，加强安全监管。政府高度重视物流行业的安全监管，加强了对物流企业的安全检查和评估，确保企业的运输、仓储等环节符合安全要求。

再次，实施质量监测和管理。福建省政府建立了物流服务质量监测体系，对物流企业的服务质量和效率进行监测和评估。政府加强了对物流企业的信用管理，建立了信用评价体系，对信用不良的企业进行惩处。

又次，推进信息化建设。福建省政府鼓励物流企业加强信息化建设，提高物流信息化水平。政府建设了物流信息平台，促进信息共享和协同作业，提高了物流效率。

最后，加强市场监管。政府对物流市场进行监管，防止市场垄断和不正当竞争行为，维护市场秩序。政府加强了对价格的管理，防止价格欺诈等行为的发生。

总之，福建省政府在物流科技发展中扮演着重要的角色，通过制定政策、加强基础设施建设、支持科技创新和行业监管等方面的措施，为物流科技的发展提供了有力支持。这将有助于推动福建物流业的转型升级和高质量发展，进一步增强福建经济的竞争力和可持续发展能力。

二、福建省物流科技人才发展的支撑

虽然我国目前已经成为物流大国，但距离物流强国仍有一段距离。做强物流业，需要抓住关键要素努力突破。长期以来，物流领域的核心要素是"人、车、货"，现代物流业又加入了"科技与资金"这两个重要因素。发展至今，物流业已经成为"人才、技术、资金"密集型的行业，要想实现行业的高质量发展，物流企业需要在各个方面齐头并进，做大做强。

物流行业在技术驱动下正在发生前所未有的改变，移动互联网、人工智能、大数据、云计算等新技术为行业发展带来了无限可能。以车辆调度为例，以前车辆调度、排线全是依靠有经验、有能力的老员工来负责，现在智慧物流通过人工智能的计算、模拟、自我学习等方式，轻而易举就可以超过人工调度的效率。而人才是物流技术发展的重要支撑力量。集聚、培养一批高端产业人才队伍，是在竞争中获得主动权和占领制高点的重要保障，而人才活力充分迸发，关键在体制机制创新。

"谋定而后动"。紧贴福建省产业发展需求和民生期盼，为重点培养引进电子信息、高端制造、医疗卫生、城市规划、现代农业等重点领域和战略性新兴产业急需、紧缺的人才，福建省相继出台《福建省"海纳百川"高端人才聚集计划（2013—2017年)》《福建省引进高层次人才评价认定办法（试行)》《福建省工科类青年专业人才支持暂行办法》《福建省重点领域精准引才试点工作总体方案》等，从支撑产业发展角度，在引进高层次人才和工科类青年专业人才等方面提出精准支持措施，建立更具竞争力的人才集聚制度和更具灵活性的人才管理机制，最大限度激发人才的创新热情和创业活力。

随着经济的快速发展，物流逐步得到重视，其规模、速度、质量、效益已经成为衡量一个国家、地区综合实力和现代化程度的重要标志。对于企业物流来说，物流专业化人才更是我国物流业良好发展的重要保证。

一般来说，研究物流领域的高校专家的成果多集中于科技计划项目、期刊论文、会议论文、专利、标准等，万方创新助手依托先进的中文信息处理技术、元数据仓储技术、信息网格技术、数据关联挖掘技术与自动分类/聚类技术，对海量科技知识信息进行挖掘和分析，推出了领域专家推荐指数。以下是万方创新助手推出的福建省物流领域的高校专家Top20，如表5-2所示，供参考。

表5-2　部分福建省物流领域专家

专家	机构名称	研究领域
王健	福州大学	流通经济，物流管理的人才培养、学术研究、学科建设和服务社会
刘丹	福州大学八方物流学院	物流与供应链管理、绩效评价与管理、服务创新、流程优化、生态文明建设
刘震宇	厦门大学管理学院	信息管理与战略、运作管理、电子商务
许志端	厦门大学管理学院	营商环境评估及优化、供应链管理
黄敬前	福州大学八方物流学院	物流管理、技术创新管理、战略与规划、技术经济学
邱荣祖	福建农林大学	物流工程、交通运输环境、物联网技术应用
黄章树	福州大学管理学院	互联网经济、企业信息化、电子商务、数据挖掘及商务智能、物流与供应链管理、物联网应用

续表

专家	机构名称	研究领域
朱东红	福州大学	包装工程、物流管理、物流技术
叶翀	福州大学八方物流学院	流通国际化、流通业态论、渠道行为论、流通竞争论
张岐山	福州大学管理学院	商务智能、系统优化、系统仿真和不确定信息处理
翁君奕	厦门大学	商务模式创新与战略管理
孟林明	厦门大学	战略管理、市场营销
郭霖	厦门大学	创业管理、战略管理、谈判与冲突管理、管理案例研究
潘文军	华侨大学经济与金融学院	物流管理、供应链管理、食品召回
张存禄	厦门大学管理学院	复杂适应系统、供应链风险管理
徐迪	厦门大学	技术与运营管理、管理复杂性、技术与创新管理
陈福集	福州大学公共管理学院	电子政务与网络舆情、管理信息与决策支持系统、电子商务与电子政务、知识管理与数据挖掘
王应明	福州大学	决策理论与方法、数据包络分析、规则库推理、质量功能展开
刘龙政	厦门大学	产业经济、现代物流
王珍珍	福建师范大学经济学院	创新创业管理、物流与供应链管理、国际商务

企业专家的数据较难收集，从数据集中找出申请了 8 个以上物流相关专利的人（申请人非个人）作为企业专家，如表 5-3 所示。可以看出，部分企业已经形成了较为固定的研发团队。

表 5-3　申请了较多物流相关专利的企业专家

申请（专利权）人	发明人	申请数量/个
石狮市阜康集装箱储运有限公司	张光伟；张俊霖；张恺旎；黄镕泽；黄亦菲；黄元恺	32
福建路成达物流发展有限公司	赖荣桓；赖燕辉	14
南安市创培电子科技有限公司	王玉环	13
厦门恰再注包装有限公司	王军杰	13
福建科盛智能物流装备有限公司	曾国耀	13

续表

申请（专利权）人	发明人	申请数量/个
耀泰物流股份有限公司	曾耀	13
威享驿联（厦门）科技有限公司	苏力乾；任耿龙	11
福建鸿仓供应链管理有限公司	张小红	11
漳州市东方拓宇信息科技有限公司	蔡雪峰	10
东蒲联合科技（福建）有限责任公司；福州市唯联高鑫智能科技有限公司	辜雄	10
快库（厦门）供应链有限公司［现快库（厦门）能源供应链有限公司］	张峰	9
宁德市万盛水产有限公司	孙正；尤信铃；牟腾进	9
南安铭创瓷砖有限公司	陈华山	8
平潭综合实验区百汉国际贸易有限公司	李盈颖	8
惠安县新宏泰物流有限公司	张秋艺	8
厦门派宝信息科技有限公司	覃争鸣	8

第六章　福建省物流科技发展的
问题与举措

一、国际竞争压力与福建省物流科技发展的问题

由于国外物流科技发展的时间较早，主要先进企业集中于欧洲、美国和日本等地区，该地区的物流科技相关企业规模较大，具有先进的技术、丰富的产品线和多年积累的项目经验，其优势在高端市场较为明显，例如Schaefer、Daifuku、Dematic等。

在国内物流科技的市场需求快速增加以及资本的助推下，基本形成了完整的物流科技产业链，在各细分行业发展了一批研发设计能力较强、项目经验较为丰富的企业，如深圳市今天国际物流技术股份有限公司、东杰智能科技集团股份有限公司、德马科技集团股份有限公司等。

从区域分布来看，目前，我国物流科技公司主要分布在北京、上海和深圳，这三个城市的公司合计数量占总数量的比重达64%，可以看出现阶段，各大科技公司多数还是以一线城市为主。福建省在中国乃至全球，物流科技的发展较弱，专利申请数量也较少，福建省物流科技发展面临以下挑战。

（一）龙头企业科技引领示范作用不明显

厦门象屿股份有限公司在2022年的物流业务收入为2691亿元，入选2023年中国物流企业50强名单，处于第2位（连续6年保持第2位），建发物流集团有限公司以393亿元排名第13位。此外，盛丰物流集团有限公

司排名2023年中国民营物流企业50强的第32名①。

从专利数据来看，厦门象屿股份有限公司名下仅有85项专利，公告日全在2001—2011年，基本都是厦门象屿集团与"夏新电子股份有限公司"资产重组时转移而来，目前状态为失效或撤销。在国家知识产权局的专利查询平台上，无法检索到专利权人为"厦门象屿股份有限公司"的专利。此外，厦门象屿股份有限公司的年报显示，其研发投入强度仅为0.01%。建发物流集团有限公司名下的专利数量为零。盛丰物流集团有限公司名下只有7条实用新型专利信息，公告日全在2012—2013年。

在A股上市的福建物流相关企业，除了雪人股份，其他企业的研发投入相对其营收也都很低甚至为零，如表6-1所示。

表6-1 有研发数据的上市企业近2021—2022年研发投入情况

公司	2022年营业收入/千万元	2022研发投入金额/千万元	研发投入强度	2021年营业收入/千万元	2021研发投入金额/千万元	研发投入强度/%
雪人股份	196.6	14.5	7.4%	200.9	11.4	5.68
厦门象屿	53814.8	9.5	0.02%	46251.6	4.8	0.01
厦门港务	2199.6	0.43	0.02%	2357.8	0.70	0.03

作为对比，福建省新能源龙头企业宁德时代新能源科技股份有限公司2023年的营收约4009亿元，研发投入为183.56亿元，研发投入强度达到4.58%。截至2023年，宁德时代拥有8137项境内专利及1850项境外专利，正在申请的境内和境外专利合计19500项，是典型的科技驱动企业。

总体而言，福建物流龙头企业在物流技术研发方面的投入很不充分，难以起到科技引领示范作用。

（二）物流产业科技研发成果数量和质量不高

福建省物流企业在物流科技领域应用层面已经形成广泛共识，涌现大

---

① 物联科字〔2023〕95号，《关于发布2023年度中国物流企业50强、民营物流企业50强的通告》。

量的先行先试的物流科技应用企业。但是从原创的物流科技研发能力来看，还存在着科技研发成果数量较少、质量不高的问题。

企业是技术发展的主要创新主体，专利作为技术成果的一种信息载体，可以反映出企业的创新能力和行业地位，是衡量企业技术实力的重要指标之一。本书采用 VAR 模型对全国物流专利申请数量与物流产业发展数据的关联性进行分析，发现专利申请数量能在短期内对物流产业产生快速且幅度较大的影响，并长期保持一定效果。

在第四章中，本书对福建省物流领域专利创新能力的深度分析，发现该省 2018—2022 年累计申请物流相关专利 3189 件，在全国 31 个省级行政区中排名第十，处于第二梯队中游位置。但值得注意的是，在包含上海、江苏、浙江、安徽、山东、福建、江西的华东六省一市经济圈中，福建省仅领先江西省，显著落后于其他沿海发达省份。凸显出福建省在区域创新竞争中的相对劣势。

此外，本书通过基于自然语言处理技术的专利文本智能分析，福建省物流专利存在显著的创新同质化现象。通过计算专利摘要的语义重复率和关键词重叠度，发现该省专利文本相似度较高。典型案例分析表明，约 35% 的专利在技术方案描述中存在"换汤不换药"现象，主要体现为：运输载具结构改良类专利多集中于货架角度调节、滑轮组改进等低阶创新；智能仓储系统专利则过度聚焦于 RFID 技术应用，在机器视觉、数字孪生等前沿技术领域布局不足。深层次原因分析显示，本地专利代理行业存在明显的模板化操作倾向。部分数据显示，福州、厦门两地头部代理机构使用的技术方案模板库重复使用率达 62%，部分代理人在技术特征撰写环节存在"新瓶装旧酒"的创作惰性。更影响着区域物流产业向智慧化、高端化转型的进程。

政府评定各种科技型企业也是一个重要参考，评定科技型企业的目的是引导企业调整产业结构，走自主创新、持续创新的发展道路，激发企业自主创新的热情，提高科技创新能力。福建省物流企业在大部分科技型企业评定中的全国占比，均低于物流企业数在全国的占比，这也从侧面说明福建省物流产业科技研发成果数量和质量不高（见表 6-2）。

表6-2　福建省科技型物流企业数据

类型	福建数量/家	全国数量/家	比重/%
存续企业	17912	545829	3.28
高新技术企业	177	6043	2.93
科技型中小企业	103	4852	2.12
民营科技企业	0	400	0.00
瞪羚企业	19	523	3.63
专精特新企业	32	1402	2.28
企业技术中心	7	770	0.91
科技小巨人企业	48	147	32.65
雏鹰企业	1	252	0.40
众创空间	2	59	3.39
专精特新小巨人企业	3	344	0.87
创新型中小企业	9	691	1.30
科技企业孵化器	0	36	0.00
技术创新示范企业	0	85	0.00
隐形冠军企业	0	37	0.00
技术先进型服务企业	8	42	19.05
独角兽企业	2	68	2.94
有专利的企业	343	12073	2.84
有软著的企业	467	14868	3.14

（三）高校物流技术研发数量较少

高校作为基础研究和应用研究重地，在科技创新体系中扮演着不可替代的角色。从福建省高校中开设的物流相关专业来看，呈现重管理轻科技的倾向。

从五年结题的国家自然科学基金项目来看，福建省物流相关项目的数量和经费总额都远低于全国平均水平，这可能与福建省高水平高校数量较少有关。从这些项目的标题来看，管理类的"新文科"项目占大部分，较为"硬核"的物流技术类占比较小（详见第四章）。

在福建省物流相关科技计划项目中，企业申请和立项为极少数，高校占据了绝对优势地位。但从申请与立项总量、年平均量等指标来看都偏低，这与物流产业在福建省"六四五"产业新体系中主导产业之一的定位不匹配。近年来，物流相关项目的申请与立项数量有明显提高，提示福建学术界、产业界对物流科技的关注正在提升（详见第四章）。

（四）缺少高端物流技术专家

物流产业属于复合型生产服务产业，是支撑国民经济发展的基础性、战略性产业，物流人才也一直被列入国民经济发展的紧缺人才行列。虽然不少高校开设了物流相关专业，但水平参差不齐、缺少特色，而研究生层次教育刚刚起步，博士生方面的教育远未开始。

福建省的各高校、物流企业中拥有不少技术人才，但具有国际视野和能力的顶尖人才较为匮乏，尤其缺少具有较强影响力的高端物流技术专家，此类人才应具有一定管理、经济、贸易、信息科学、管理科学、工业工程、物流系统设计、物流经营与管理、物流决策等相关的基础理论和技术方法，具备良好的外语水平，具有前瞻性思维和创新能力，熟知至少一个行业或一种模式的物流理论与应用，能从战略上分析和把握其发展特点和趋势。其原因主要是福建省物流产业起步较晚，以技术驱动获得发展的物流龙头企业更是寥寥无几，这样导致省内能为顶尖人才提供高端科研环境的单位数量很有限。因此，瞄准、引进和培育一流的物流技术高端人才是一项绕不开的紧迫工作。

另外，福建省大部分物流企业规模较小，业务单一，技术研发投入不足，这样也不容易形成培养高端物流技术专家的氛围。

（五）科技管理部门对物流领域关注较少

物流产业早已与高科技"联姻"，进入了智慧化时代。例如，冷链物流的技术含量越来越高，在新冠疫情期间，支持全国疫苗配送的医疗冷链物流发挥了巨大的作用。

从 2007 年以来的福建省科技奖励项目来看，物流相关项目所获奖项仅占全部奖项的 0.3%；从 1998 年以来申报的物流相关科研项目来看，其仅占全部申报项目的 0.5%。这两个数据与物流产业的重要性完全不相匹配。这与福建省学术界和企业界研发能力不强有关，但也反映出科技管理部门对物流领域的关注不高。

二、绿色转型促进福建物流科技的持续发展

随着全球对环境问题和可持续发展的关注度日益提升，物流科技的绿色转型已成为行业发展的重要方向。物流科技的绿色转型旨在通过采用环保技术、优化运输规划和改进供应链管理，实现资源的有效利用、减少碳排放、减少对环境的污染和资源的浪费，以及保障消费者权益。福建物流科技的绿色转型给行业带来了巨大的机遇。

（一）提高运输效率和优化流程，降低能耗

通过数据的采集和分析，采用新技术和创新解决方案，可以实现运输效率、物流流程和资源利用的优化，减少能源的消耗和对环境的影响。例如，在物流运输中引入智能路线规划和配送系统，能够优化车辆的行驶路径，减少运输时间和能源消耗。使用传感器和物联网技术对货车和仓库进行监控，实现及时调度和货物追踪，从而减少不必要的运输和存储，降低碳排放。

如福建著名电商配送企业美团的即时配送系统"AI+IoT"产品矩阵中的智能调度系统 5.0 版本。在订单匹配过程中，每一种匹配方案的可行性测算都需要规划骑手的配送路线，来评估该方案是否合理。具体到每一位骑手，如果骑手身上有 5 单，就存在 11.34 万种可行配送路径，智能调度系统可在 0.55 毫秒内为骑手规划出最优路径，高峰期每小时执行约 29 亿次的路径规划算法。

（二）提高供应链信息透明度，实现供应链的低碳发展

物流科技进行可持续方面的转型还可以为企业带来品牌价值和商业机

会。物流技术通过数据共享提高供应链的透明度和信誉度，促使供应链上下游企业共同关注环保问题，发展可持续经济。物流科技的发展能够加强数据的共享和交流，让企业更加了解自己的供应链，从而形成责任心和环保意识，将绿色理念融入生产经营中。随着消费者对环境友好产品和服务的需求增加，采用绿色物流解决方案的企业将受到更多用户的青睐。这不仅有助于树立企业的环保形象，还可以打开新的市场，创造利润增长机会。

迪普思数字研究所的研究表明，有效的数字化供应链整体能够推动企业收入增长 10%～15%，供应链成本降低 40%～50%。2021 年，福建数字经济占全省 GDP 超 47%，数字经济发展指数位居全国前十。福建数字基础设施完善、数字平台企业强、数字技术迭代快、应用广泛，有助于利用数字技术推动全省乃至全国供应链从"浅绿"向"深绿"转变，同时"染绿"全球供应链。

（三）提高生产效率，减少资源浪费

物流科技可以提高生产效率，在满足消费者需求的前提下，减少物流环节中的浪费和损耗。通过物流信息化和自动化技术的应用，企业可以实现精准生产和精准物流，将生产和物流过程紧密衔接，提高资源利用效率，缩短物流周期，最大化地降低成本。

例如九牧 5G 智能马桶"灯塔工厂"先后与中国电信合作搭建 5G 工业网络，与华为合作构建网络安全框架，邀请西门子协助打造整体物流规划，为各生产环节量身打造机器人，再将生产设备、物流设备与信息化系统进行融合，让机器与机器之间"交流互通"。新建成的"灯塔工厂"综合效率提升 32%，物流运输效率提升 45%，零件良率从 93% 提升至99.6%，每年节约用水超过一个西湖的水量，单个马桶生产能耗下降 25%[①]。

---

① 陈曦. "不开灯"的马桶工厂［N］. 工人日报，2023－10－01（6）. DOI：10.28277/n. cnki. ngrrb. 2023. 005248.

总而言之，物流科技是推动可持续发展和环境保护的重要技术。虽然面临着能源消耗、碳排放和技术成本等挑战，但物流科技的发展也带来了资源利用的优化、市场机会的拓展和可持续发展目标的实现。只有当各利益相关方共同合作和努力，采取积极的行动，才能借助物流科技实现可持续发展。以下是一些具体的举措。

首先，可采用新技术和创新解决方案来优化物流运输，并减少对环境的负面影响。例如，可以使用智能物流系统来实时监测和管理运输过程，优化配送路径和规划航班，减少车辆空载率和运输时间，从而降低能源消耗和碳排放。

其次，可以推广使用环保的运输工具和设备。例如，电动车辆、混合动力车辆和使用可再生能源的货运船只可以替代传统的燃油驱动车辆，减少污染排放。同时，发展更高效的物流网络和配送中心，将货物从大型货车转移到轻型运输工具，如自行车、电动拖车和无人机，以减少能源消耗和交通拥堵。

再次，可以借助物联网和大数据技术来实现供应链的可持续管理。通过实时监测和分析物流数据，可以及时识别和解决低效的环节，并对其进行优化。此外，数字化的供应链管理可以提高物流运营效率，减少资源浪费和能源消耗。

最后，除了技术措施，政府和企业也可以采取激励措施来推动数字物流的绿色转型。政府可以制定环保法规和政策，鼓励企业实施绿色物流措施，并给予税收优惠和资金支持。同时，企业可以积极参与研发和创新，促进环保技术和解决方案的推广和应用。

为了推动物流技术的绿色转型，福建省利益相关方需共同努力。福建省工信厅、发改委、交通运输厅、农业农村厅、商务厅、邮政管理局发布的《福建省现代物流业高质量发展实施方案（2023—2025 年)》中明确强调要推进物流绿色化。一是完善绿色物流设施设备。引导企业合理布局绿色、智能、高效的物流设施，推动企业建设一批绿色网点、绿色分拨中心。推广绿色低碳运输工具，鼓励应用新能源和清洁能源物流配送车辆，推动新增及更新邮政快递车、物流配送车优先选择新能源车。推动实施货物包装和物流器具绿色化、减量化。支持新建物流设施应用绿色建筑材料、屋顶光伏、节能技术与装备。二是创新绿色物流运作模式，推进物流活动减量化，减少物流废弃物和环境污染。优化货物运输结构，推动大宗货物运输和中长距离运输的"公转铁""公转水"，加快发展铁水、公铁、公水等多式联运。推广普及电子面单、环保袋、循环箱、绿色回收箱，鼓励加工环节采用环保材料进行简单包装，提高物流包装物重复、回收利用比例。三是加快形成快递包装生产、使用、回收、处置全链条长效治理机制，促进快递包装物减量化、绿色化和循环使用，推广电商快件原装直发，推进产品与快递包装一体化，减少电商商品在寄递环节的二次包装。四是提升厦门市"绿色货运配送示范工程创建城市"发展质量，创建一批绿色城市配送示范工程，提高绿色物流发展水平。

三、创新驱动与数字化转型在福建省物流科技发展中持续发力

过去十年是中国数字经济飞速发展的十年，也是实体经济拥抱数字技术实现变革跃升的十年。在数字化创新热火朝天的当下，产业数字化以对经济的放大和倍增作用，为经济社会持续健康发展提供强大动力。福建省作为数字中国实践起点，多年来一直坚定不移地发展数字经济，推进区域创新。福建物流行业正在步入"乌卡时代"，在物联网、人工智能、云技术、流程自动化 RPA 和区块链等新技术带动下，福建物流科技发展迅猛，创新驱动和数字化转型对福建物流科技可能产生积极影响，它们在提升效率、促进产业升级和推动区域经济发展方面发挥着重要作用。具体而言创新驱动与数字化转型在福建物流科技发展中的作用如下。

（一）夯实福建物流科技基础支撑

为了适应高度数字化的工业生产设施的运转需求，福建省加快推进数字基础设施建设，如 5G 移动网络、大数据和云计算中心、工业互联网平台等，这些都为物流科技的发展提供了基础支撑。

福建省在 5G 网络的建设上取得了显著成果，已建成 8.9 万个 5G 基站，实现了所有乡镇镇区和 85% 以上行政村的 5G 覆盖。这为物流科技的

发展提供了高速的网络支持，使得物流企业能够利用 5G 技术实现更高效的数据传输和处理。厦门远海码头智慧港口项目是全国首个 5G 全场景应用智慧港口项目，厦门远海码头利用人工智能、大数据、5G 等高新技术，加速了智能网联车的商业化应用。例如，自动化轨道吊车和自动导航运载车的应用，显著提高了集装箱处理的效率。

（二）双轮驱动，相互促进

创新驱动和数字化转型在福建物流科技发展中形成双轮驱动的局面。一方面，技术创新推动福建物流科技不断进步；另一方面，数字化转型使得这些创新技术得以更好地应用和推广。创新驱动和数字化转型相互促进、相得益彰。技术创新为数字化转型提供了更多的可能性；而数字化转型则使得这些创新技术能够更好地服务于物流行业。

福建大道成物流科技有限公司被中国物流与采购联合会评为"2023 年度生产制造企业物流与供应链数字化转型优秀案例"。它围绕供应链全业务流程、业务对象、业务场景，依托对前沿数字技术的研发及应用，构建了服务物流供应链上下游企业的数字货运一体化协同平台。该公司通过加强资源链接，提高供应链效率，不断推动数字技术与物流供应链的深度融合，为国内物流供应链的高质量发展与现代物流的数字化转型贡献力量。

（三）实现福建物流科技智能化升级

在创新驱动和数字化转型的共同作用下，物流行业正逐步实现智能化升级。从智能仓储、智能配送到智能调度等方面都取得了显著进展。福建省通过数字化创新，推动了传统物流产业向数字化、智慧化、低碳化升级，如厦门专塑物流有限公司的智慧物流平台不仅提升了物流服务的质量，还实现了物流环节的提质增效和快速转型。

纵腾集团以数字技术驱动公共海外仓智慧升级，为全球超 1.5 万家跨境电商客户提供服务。通过构建全球跨境电商物流网络，纵腾集团实现了对物流资源的优化配置和高效利用。同时，纵腾集团还注重信息化建设，通过引入物联网、人工智能等先进技术，实现了对物流过程的实时监控和智能调度,提高了物流效率和服务质量。

此外,福建地区的其他大型快递企业也在数字化转型方面取得了显著成果。例如,泉州、厦门顺丰创智园将物联网、人工智能等先进物流技术应用于物流各环节,实现了物流过程的智能化和自动化。厦门、福州京东亚洲一号实现人工智能全场景应用,创新启用磁悬浮技术智能包装,进一步提升了物流效率和服务质量。

(四)引领物流科技发展方向

在福建物流科技发展中,创新是引领行业进步的重要动力。通过不断的技术创新、模式创新和管理创新,推动物流行业向更高效、更智能、更绿色的方向发展。福建企业在物流科技创新方面进行了大量的探索和实践,例如智慧物流、无人配送、物联网技术等,这些创新为福建物流业的发展提供了强有力的支撑。

(五)提升物流效率和服务质量

通过引入新技术、新方法和新设备,如物联网、人工智能和区块链等先进技术,福建的物流企业能够实现自动化、智能化操作和信息共享,从而减少人力资源的浪费,并提升整体的运营效率。数字化转型缩短了货物的处理时间,并减少误差和遗漏,不仅提高了物流效率,还使得物流过程更加顺畅和高效。

例如,福州福达智慧物流园区通过引入自动化分拣系统、智能仓储设备等先进技术,实现了物流流程的自动化和智能化。这些创新技术的应用,不仅提高了物流效率,还降低了物流成本,提升了物流服务质量。同时,园区还注重管理创新,采用先进的信息管理系统,实现了对物流过程的实时监控和智能调度,进一步提升了物流管理水平。

总之,创新驱动和数字化转型在物流科技发展中发挥着不可或缺的作用。它们共同推动着物流行业向更高效、更智能、更绿色的方向发展。未来,随着技术的不断发展和应用的深入,创新驱动和数字化转型将继续引领物流科技发展的潮流。

四、供应链安全与风险管理问题引起重视

（一）提高供应链的透明度和可视性

利用物联网技术，企业可以实时追踪货物的状态和位置，提高供应链的透明度。这不仅有助于减少欺诈和盗窃行为，还可以及时发现并解决潜在的安全问题。

物流科技，如物联网技术和大数据分析，使得供应链的各个环节都能够被实时监控和追踪。这不仅有助于企业及时发现和解决潜在的安全问题，而且还提高了供应链的透明度，增强了各方的信任。

福建省的一些企业已经建立了食品追溯系统，其中包括福建一品一码追溯查询系统、福建食品安全云网、福建食品安全监管追溯管理系统等。这些系统利用物联网技术，实现了对食品从原料采购到生产、销售全过程的追溯，提高了食品的安全性和透明度。此外，一些大型的食品企业，如福建圣农食品有限公司、海欣食品股份有限公司等，也建立了自己的食品追溯系统，对食品安全进行全面的监管和追溯。这些系统的建立，不仅有助于提高企业的食品安全管理水平，也有助于提升消费者对食品安全的信任度，促进福建省食品产业的健康发展。

（二）增强风险预警和应对能力

通过实时监控、数据分析、人工智能等技术，企业可以提前预测可能出现的风险，如供应中断、运输延误等，并制订相应的应对策略。这大大增强了企业的风险预警和应对能力，减少了潜在的损失。例如，利用传感器和RFID技术实时监控货物的状态和位置，预测和预警可能出现的异常情况，从而制订有效的应对策略。这有助于减少供应链中断、运输延误等风险，保障供应链的稳定运行。

福建某大型零售企业引入了先进的物流管理系统，实现了对供应链的全程监控和数据分析。该系统能够实时收集和更新库存、订单、运输等方面的数据，为企业提供全面的供应链信息。通过对这些数据的分析，企业

能够及时发现潜在的供应链风险，如库存不足、运输延迟等。预警和应对方面，企业利用物流管理系统构建了供应链风险预警模型。该模型基于历史数据和实时数据，对供应链的稳定性进行评估。一旦发现潜在风险，系统就会立即发出预警，并提示相应的应对措施。企业可以根据预警信息及时调整采购计划、优化运输路线或协调供应商等，降低供应链风险的影响。

此外，该企业还应用了物联网技术，对货物的位置和状态进行实时监控。通过在货物上安装传感器和 GPS，企业可以实时跟踪货物的运输轨迹和状态，及时发现运输过程中的异常情况。这有助于企业快速应对运输延误、货物丢失等问题，提高供应链的可靠性。

（三）优化物流流程

人工智能、机器学习、自动化等技术可以帮助企业优化物流流程，减少不必要的运输和仓储成本。同时，这些技术还可以提高订单处理速度和准确性，进一步降低操作风险。例如，智能仓储管理系统可以实现仓库作业的自动化和智慧化，提高仓储效率和准确性，这些优化措施有助于降低物流成本、减少资源浪费，从而增强供应链的稳定性和安全性。

福建安踏集团旗下的安踏物流是利用自动化、人工智能等技术帮助企业优化物流流程，实现供应链稳定性的典型企业。安踏物流采用智能调度系统，该系统具备自动化和智慧化的特点，能够根据订单信息自动调整仓库管理和运输配送计划，快速、准确地处理订单，提高配送效率。同时，安踏物流还引入了自动化仓库和智能货架，使货物的存取更加快速、准确，减少了人工错误，提高了仓储效率。

此外，安踏物流还利用人工智能技术进行数据分析，通过分析历史数据和实时数据，预测未来的市场需求和运输路线，提前制订应对策略，减少供应链中断的风险。

这些技术手段的应用，帮助安踏物流实现了物流流程的优化，保证了供应链的稳定性，提高了企业的运营效率和服务质量。同时，也为安踏集团的发展提供了有力支持。

福州顺丰速运有限公司则引进了仓储管理系统、物流配送系统等先进的信息技术，实现了物流流程的全面优化。这些系统能够实时跟踪货物的位置和状态，预测货物的到达时间，及时调整运输计划，确保了供应链的稳定性和高效性。

这两家企业通过利用自动化、信息技术等手段，有效地优化了物流流程，提高了供应链的稳定性。这不仅提高了企业的运营效率，也为客户提供了更好的服务体验。

（四）强化应急响应能力

在遇到突发事件或供应链中断时，物流科技可以帮助企业快速调整运输和仓储计划等，降低潜在损失。例如，智能调度系统具有实时监控、预测分析和自动调整等功能。通过接入各种传感器和数据源，系统能够实时监测货物的位置、数量、温度、湿度等参数，以及车辆的行驶轨迹和货物运输状态等信息。一旦出现异常情况，系统就会自动触发报警机制，并向相关人员发送预警信息，以便及时采取应对措施。

福建宁德核电有限公司建立了完善的核安全应急响应体系，应用了智能传感器、远程监控等技术手段，对核电站进行实时监测和预警。这些技术能够及时发现潜在的安全风险，提高应急响应的效率和准确性，保障核电站的安全稳定运行。

（五）保障数据安全和隐私保护

随着物流科技的发展，数据安全和隐私保护问题也变得越来越重要。利用加密技术和区块链技术，企业可以确保数据的安全性和隐私性，防止数据被非法获取或滥用。

福建省的一些大型物流企业已经采用了加密技术来保护客户数据和交易信息，其中包括福州顺丰速运有限公司、福建中通快递有限公司、福建圆通速递有限公司等。这些企业通过采用加密算法对客户数据和交易信息进行加密处理，确保数据在传输和存储过程中的机密性和完整性，防止数据被非法获取或篡改。此外，福建省的一些电商物流企业也采用了加密技术来保护客户数据和交易信息，如京东物流、福建苏宁物流有限公司等。

这些企业的加密技术措施包括对客户信息、订单信息、支付信息等敏感数据进行加密处理，确保数据在传输和存储过程中的安全。同时，这些企业还加强了内部安全管理制度建设，严格控制数据访问权限，防止内部人员滥用或泄露数据。

此外，福建省还出台了一系列法规和政策，要求物流企业加强数据安全和隐私保护工作。例如，福建省政府出台了《福建省物流业健康发展实施方案》，明确提出要加快推进物流信息化、标准化、智慧化建设，加强对物流数据的安全保护。

总之，福建省物流领域正在积极利用加密技术和区块链技术来保障数据安全和隐私保护，加强数据管理和风险控制，促进物流行业的健康发展。

（六）提升供应链协同效率

物流科技，特别是云计算和区块链技术，有助于实现供应链各参与方的信息共享和协同作业。通过云平台、物联网等技术手段，实现数据的实时交换和共享，促进各方的有效沟通和协作。这有助于提升供应链的整体协同能力，增强应对风险和挑战的能力。

泉州金桥食品有限公司（以下简称"金桥食品"），通过云平台，实现了与供应商、物流服务商等各方的信息共享和协同作业。企业可以实时掌握库存、订单、物流等数据，及时调整生产和销售计划，提高供应链的协同效率。同时，云平台还具有数据分析功能，能够帮助企业预测市场需求和供应趋势，降低风险。

此外，金桥食品还利用物联网技术对生产设备和原材料进行实时监控和数据采集。通过物联网技术，企业可以实时了解设备运行状况、原材料库存情况等信息，及时发现潜在问题并采取应对措施。这不仅提高了生产效率和产品质量，还有助于降低供应链风险。

通过借助云平台和物联网等技术手段，金桥食品实现了供应链协同的优化和风险的降低。企业的生产和销售计划更加精准和高效，与供应商和物流服务商的合作关系也更加紧密。这为企业带来了更多的商机和竞争优势。

综上所述，物流科技在提高供应链透明度、增强风险预警和应对能力、优化物流流程、强化应急响应能力、保障数据安全和隐私保护以及提升供应链协同效率等方面发挥着重要作用，有助于提升福建省供应链安全与风险管理水平。

第七章　福建省物流科技的发展对策

为了更好地适应经济全球化发展，加快物流产业的发展，需要从科技创新入手，降低物流成本，不断提高产业技术水平。科学技术是物流产业发展的重要保障，现代物流产业必须重视技术进步来推进产业发展，以提高物流竞争力，推动福建省现代物流产业不断进步。

一、加强国际合作与技术引进

近年来，福建省物流产业的发展取得了较显著的成效，然而在物流技术与装备、物流管理思想以及人才储备等方面，相较于国内外先进地区仍需进一步强化。在当前的环境与背景下，仅仅依赖福建省自身的力量推动物流科技的进步，以促进物流产业的蓬勃发展，可能面临庞大的资金需求和较为缓慢的发展速度等困境。因此，为了更有效地推进物流产业的升级，必须加强国际合作与技术引进，以全面提升物流产业水平。

（一）建立国际物流科技合作平台

福建省作为我国沿海地区的一个重要省份，具有得天独厚的地理优势和经济发展潜力。在现代物流产业方面，福建省应当抓住机遇，积极搭建与国际物流科技机构以及企业合作的平台。通过这种方式，福建省可以充分利用现有的商务区，吸引国际知名物流企业在福建省建设总部或者分部以及研发中心，这将会为福建省带来世界先进的物流技术和管理理念。有利于推动本地物流产业链的完善与升级，进一步提升福建省在物流科技领域的竞争力。同时，知名物流企业的进驻也将为福建省物流行业培养一批高素质的人才，助力本地物流产业的可持续发展。

此外，福建省还应主动参与国际物流科技项目的研发，与国际同行共同推动跨国科技创新项目。这不仅能够加速新技术、新理念在福建省的应用，还能够提升福建省在全球物流科技领域的影响力。同时，通过参与国际科技合作项目，福建省可以学习到全球最前沿的物流科技和管理经验，从而推动本省物流科技的快速发展。

（二）积极参加国际展会与交流

随着全球经济一体化的发展，物流业作为供应链的重要环节，其技术和管理理念的进步尤为关键。为此，积极组织省内先进物流企业组团赴国外进行物流技术的学习显得尤为重要。通过参加国际知名的学术研讨会和物流科技展览会，企业可以直接接触到最新的物流技术和管理理念，从而提高自身的竞争力和创新能力。例如，德国汉诺威国际物流展览会和美国拉斯维加斯运输物流展览会是全球知名的物流展览会，汇集了世界顶尖的物流企业和专家，展示了行业最新的技术和发展趋势。参加这些展会，企业不仅能了解到全球物流行业的最新动态和发展趋势，还能与行业内的领军企业和专家进行面对面的交流，获取宝贵的经验和信息。

同时，可以通过举办国际物流科技合作峰会、洽谈会等，进一步拓宽本省物流企业的交流范围，了解国际物流发展的前沿科技，促进企业之间的交流与合作。如在厦门召开的 2023 年"丝路海运"港航贸一体化发展研讨会、2022 年第十七届中国国际物流节暨第二十届中国国际运输与物流博览会以及在福州召开的 2021（第十三届）中国物流与供应链信息化大会等，不仅吸引了国内外物流企业，还邀请了众多专家学者分享他们的研究成果和行业见解，为本省物流企业提供了宝贵的学习和交流机会。通过参加这些会议，企业可以了解行业最新的技术和发展趋势，吸收先进的管理理念和经验。此外，这些会议还提供了与同行交流和合作的机会，企业可以通过与其他参会企业的互动，寻找潜在的合作伙伴，拓展业务合作的渠道。同时，企业还可以展示自身的技术和服务，提升企业的知名度和影响力。

（三）加强技术引进与转化

福建省的物流企业应主动与掌握先进物流技术的公司建立技术合作伙伴关系。通过技术引进、内化、吸收和再创新的过程，努力研发具有自主知识产权的物流技术，实现自身在物流技术领域的不断提升，助力产业转型升级。

鼓励福建省物流企业与国内外知名物流企业通过参股、控股、兼并、联合、合资、合作等形式进行资产重组或合作经营。同时支持福建现有传统物流企业发挥企业的创新主体作用，积极向科技创新型物流企业转型，不断提升物流企业科技创新能力。鼓励福建物流科技创新企业走出国门，开拓国际市场，提升国际竞争力。

二、发挥政府引导与支持作用

科技进步的实现离不开持续增加的科技投入，特别是在物流硬技术领域，科技投入的重要性越发凸显。为了更有效地推动科技投入，政府部门应发挥关键的引导和支持作用。

（一）优化物流科技领域的创新投资环境

推动物流科技领域的创新和进步，营造一个积极的物流科技投资环境是十分重要的。科研人员的积极性往往受到市场对该领域重视程度、政府与企业的投资支持力度，以及科研成果的法律保护水平的共同影响。在"十四五"规划期间，政府需要发挥关键作用，通过增加对物流科技的投资，优化相关政策，以激发科研活力，促进物流科技的创新和应用。福建省可以从以下方面优化物流科技领域的创新投资环境。

一是在"十四五"规划期间，政府应进一步加大对物流科技研发的投入力度。通过设立专项资金，支持物流科技领域的基础研究和应用研究，推动关键技术突破。加大对物流企业技术创新项目的资金支持力度，特别是对中小企业的扶持力度，确保其在技术研发和创新方面具备充足的资源和条件。

二是政府应制定和实施一系列优惠政策，激励企业积极引进和应用先进物流科技。如对投资于物流科技研发的企业给予税收减免优惠，降低其研发成本。提供低息或无息贷款，支持企业进行物流科技创新项目的投入，缓解企业资金压力；对在物流科技创新方面取得突出成果的企业和个人给予补贴和奖励，激发企业和科研人员的创新热情。

三是制定并完善相关法律法规，以保护物流科技发明者的知识产权。确保在科技成果未获得相关同意和补偿的情况下，其他人不得随意对其进行复制和使用。如加大对物流科技发明专利的审核和保护力度，确保发明者的合法权益得到充分保障。建立严格的知识产权保护机制，加大对侵权行为的打击力度，形成有力的法律震慑。通过宣传和教育，提高企业和科研人员的知识产权保护意识，推动形成尊重知识、保护创新的良好氛围。

四是建立科技创新服务平台，政府应推动建立物流科技创新服务平台，整合资源，为企业提供一站式服务，包括技术咨询、融资对接、知识产权保护等，帮助企业解决在科技创新过程中遇到的各种问题和困难。

（二）重视物流基础设施建设

物流基础公共设施建设对提升物流产业整体发展水平至关重要，政府在其中应发挥主导作用。政府应主导建立和完善物流公共信息平台，整合全省物流信息资源，实现信息共享与协同运作。通过建设高效的物流信息平台，提升物流运作的透明度和效率，为企业和消费者提供及时、准确的信息服务。同时，综合交通基础设施是物流行业高效运转的基石，政府需要大力加强对公路、铁路、水运和航空等多种运输方式的基础设施建设，形成互联互通的综合交通网络，推动一批现代化综合物流园区和专业化物流配送中心的建设，提供全方位的物流服务，满足企业的多样化需求。通过优化交通布局和物流节点布局，提升物流服务能力和水平，促进物流产业链的高效运作，推动福建省物流体系的现代化发展。

此外，为了提升福建省在国际物流市场的竞争力，政府应加大对国际物流运作基础设施的投入，包括建设和完善国际物流园区、国际港口、空港物流中心等，进一步强化福建省在全球供应链中的地位和作用。这些设施将为国际贸易和跨境物流提供有力支持，促进对外开放和经济发展。

（三）强化物流科技创新管理机制

创新福建省智慧物流科技创新的管理体制机制，坚持以市场为导向、企业为主体、政策为引导的原则，充分利用政产学合作平台、产教融合平台以及产学研联盟等载体，实现部门协同、部省联动、政企合作的协同推进，深化和完善物流技术创新联席会议制度。重点解决福建省物流科技创新发展中的重大问题，推动产学研结合、科技成果转化，助力物流业的高质量发展。为此，福建省应从以下方面推动物流科技创新管理机制的建设。

一是关注并对接国家科技创新政策，通过联合行动出台支持福建省物流科技创新的具体政策措施。有针对性地支持物流企业的创新活动，激发其技术创新潜力，提升企业的创新能力和市场竞争力。

二是统筹协调科技资源配置，重点加大物流工程项目的研究和推广力度。通过设立专项资金支持物流科技研发，引导企业加大对科技创新的投入力度，培育一批具有国际竞争力的技术和产品。同时，建立健全物流科技成果转化和应用推广机制，确保科技成果能够快速转化为生产力。

三是鼓励物流企业建立科技投入稳定增长机制，通过长期稳定的投入支持持续创新。引导企业加强与高等院校、科研机构的合作，共同开展前沿技术研究和应用探索，推动物流行业从传统到智能化、绿色化的转型升级。

四是强化科技金融创新，完善多元化投入机制。政府可以通过设立风险投资基金、引导银行业加大对科技型企业的信贷支持力度，为物流科技创新提供资金保障和金融支持，降低企业创新成本，促进创新活动的深入开展。

五是建立健全监督和评估机制，及时总结和分享物流科技创新的成功经验和教训，为未来政策调整和优化提供参考依据。同时，加强国际交流与合作，吸收国际先进技术和管理经验，推动福建省物流科技创新水平不断提升，走在行业前沿。

（四）深化区域联动与资源共享

在福建省内，福州市、厦门市、泉州市作为物流科技创新发展的重点城市，应当发挥领头羊的作用，促进各地正向发展政策和措施的交流与分享。通过经验分享和政策借鉴，为其他地区提供参考，并根据各自的实际情况进行有效转化和应用，实现全省物流科技创新的协同发展。

福州市作为福建的省会城市和政治、经济、文化中心，拥有丰富的人力资源和科技创新基础。在物流科技创新方面，福州市可以在政策制定和资源整合上发挥示范作用。政府可以通过设立专项基金、制定优惠政策等手段，鼓励企业加大在物流科技研发方面的投入力度。通过构建高效的物流信息平台，促进物流信息的标准化和数字化，提升整体物流效率和服务质量。厦门市以开放包容的经济环境和先进的海运物流为特色，可以通过技术引进和产业布局，推动全省物流科技创新的国际化进程。厦门市应发挥其在国际贸易和海运物流方面的优势，吸引国内外知名物流企业和平台在厦门设立总部或区域中心，并通过引进先进的物流技术和管理模式，提升物流产业的国际竞争力。同时，厦门市还应加强与"一带一路"沿线国家和地区的物流合作，推动跨境物流的发展，促进国际物流技术的交流与合作。泉州市作为闽南经济的核心城市，以其深厚的商业文化底蕴和便捷的海陆交通条件，在物流产业链的整合与优化中发挥着关键作用。泉州市应利用其现有的制造业基础，通过智能化改造和信息化提升，推动制造业与物流业的深度融合。

除了在福建省内部的协同发展，各市还应与周边省份开展密切交流与合作。浙江省和广东省作为经济实力雄厚、物流发达的邻省，与福建省有着紧密的经济联系和交流合作的潜力。福建省各市可以通过与浙江和广东在企业资源、技术资源等方面共享合作，实现优势互补，推动区域间物流科技创新的共同发展。特别是在跨境电商、智能物流、绿色物流等领域，通过开展项目合作、技术联盟等形式，共同探索新的发展路径，提升整体竞争力。

三、加快数字化与智慧化的转型步伐

数字化和智慧化技术的广泛应用为物流领域带来了巨大的变革和机遇。随着物流业务量增加和管理复杂性的增强，数字化技术正迅速成为物流行业的关键领域，使物流业务更加高效、透明和智慧化。数字化和智慧化技术的应用将成为物流领域未来发展的重要驱动力。

（一）进一步统筹谋划数字化与智慧化物流发展

福建省应高度重视数字物流、智慧物流的发展，综合考虑经济社会发展对物流产业的需求和影响，全面制定智慧物流发展规划及整合资源，为智慧物流提供必要的技术、资金和政策支持。通过建立智慧物流发展联席会议制度，推进部门间的协同合作，解决智慧物流发展中的难题。在全省范围内加强算力资源的跨区域统筹布局和统一调度，重点依托数字福建（长乐、安溪）产业园，打造数据中心集群，规模化、集约化建设存算一体的新型数据中心。同时，支持福州打造海丝大数据中心，争取国家行业大数据中心区域分中心在福建落地，提升物流的数字化、网络化和智慧化水平。结合"数字福建"智慧城市建设，搭建高效的物流网络，推进货物、车辆、场站等物流要素的数字化，并在在建物流港植入智慧理念，加大智慧软硬件建设和应用的支持力度，提升物流设施的智能化水平。福建省应加大对智慧物流项目的投融资支持力度，鼓励和支持外资及民间资本参与物流项目的建设，通过多渠道融资，为智慧物流发展提供资金保障，推动更多智慧物流项目的落地和运营。此外，应建立完善的物流信用体系，健全信用信息采集机制，逐步形成覆盖物流业所有法人单位和个体经营者的信用信息档案。加强物流信用记录建设，提升物流行业的诚信度和透明度，为智慧物流的发展营造良好的信用环境。通过统筹谋划和各项措施的落实，福建省将进一步推动物流行业的数字化和智慧化转型，依托先进的技术手段和完善的政策支持，使智慧物流的发展迈上新台阶，为全省经济社会的高质量发展注入新的动力。

（二）加快推广数字化与智慧化信息技术

福建省应全面引导物流企业进行数字化和智慧化转型，以推动物流行业高质量发展。首先，通过搭建全过程物流活动的数字化平台和数据采集系统，实现供应链各环节的信息共享和数据互通，广泛应用移动互联、5G、云计算、大数据、人工智能、物联网等先进技术，确保商品来源可追溯、流程可监视、去向可查证，提升全省智慧物流体系的覆盖率和服务效率。其次，物流企业应加大对智能化建设的投入力度，运用大数据技术优化生产和管理环节，实现企业业务的数据化反馈，从而提高整体运营效率。例如，在仓储管理中，通过物联网技术实现对库存的实时监控和管理，提高库存周转率和利用率。同时，应建立专门的数据分析和处理团队，负责业务数据的收集、分析和应用。福建省还应支持物流企业和电商企业实施"互联网+高效物流"模式，积极发展"互联网+"车货匹配、运力优化、运输协同、仓储交易等新业态和新模式，形成即时配送、无人配送、众包物流、前置仓等智慧型末端物流体系。最后，加强对员工的技术培训，提高其对数字化和智慧化技术的掌握能力，并积极与技术公司、高校和科研机构合作，通过产学研合作引进先进技术和优秀人才，提升企业的创新能力和技术水平。

（三）推动物流行业数字化与智慧化改造升级

支持物流园区和大型仓储设施推广应用物联网技术，实现物流信息的实时采集、标准化处理和自动化交互。鼓励货运车辆加装智能设备，普及数字化终端设备，提高信息处理效率。在仓储设施方面，积极推动机械化、智慧化的立体仓库发展，推动"信息系统+货架、托盘、叉车"等仓库基本技术配置的全面普及，引导平层仓储设施向立体化网格结构升级。此外，强化对物流机器人、自动分拣设备等智慧化物流装备的研发创新和广泛应用，提高物流作业自动化和智慧化水平。同时，培育设立物流企业技术中心，支持具备条件的物流企业申报高新技术企业，激发企业创新活力。更好地推动福建省物流行业的数字化与智慧化转型，提升物流运作效率和整体竞争力。此外，鼓励引进外省知名物流企业和重要物流平台来福建省投资兴业，在福建省设立全国或区域总部、区域平台或结算中心。加大对物流骨干企业的培育扶持力度，支持物流领军企业进行产业链整合，助力更多企业达到国家3A级及以上的物流企业评级标准。持续组织实施示范物流园区创建项目，培育建设一批布局集中、用地集约、功能集成的国家级、省级示范物流园区，同时培养发展一批物流业与制造业融合创新的示范企业。

（四）创新物流业务模式

福建省应积极推动物流业务模式创新，建设智慧物流公共信息服务平台，打造跨区域、跨行业、跨应用服务的综合创新平台，为各类用户提供多层次、全系统范围的信息和业务服务，实现物流信息的全面采集、处理、存储、发布和共享。该平台将促进国家及省内物流枢纽、相关企业以及政府、海关、商检等部门的信息平台互联互通和数据交换共享。中小物流企业通过这一平台，可以实现与上下游企业的数据共享和业务协同，从而提高资源利用率和市场响应速度，提高客户满意度和忠诚度。例如，物流企业可以利用数字平台实现对货物的实时追踪和配送状态更新，提高透明度和可信度，增强客户的信任感和安全感。此外，中小物流企业还可以开发新的物流服务产品和功能，以满足客户的个性化和多元化需求，如提供智能仓储、智能配送和智能退货等增值服务，进一步提升客户满意度。通过创新物流业务模式，中小物流企业将显著提升核心竞争力和增加市场份额，实现全面的数字化、智慧化转型与发展。

四、培养物流科技创新人才与技能提升

专业人才是福建省物流产业发展的核心动力，其发展水平与相关人才的培养质量密切相关。只有积极培养足够数量的专业技术人才，福建省物流产业才能迎来更高质量的发展。

（一）加强创新型物流科技人才培养

福建省在加强创新型物流科技人才培养方面，具有显著的优势和巨大

的潜力。全省共设立了89所普通高校，包括39所本科院校和50所高职院校，几乎每个地级市都设有高等学府，并且多数学校开设了物流相关专业。当前经济发展强调创新引领，高等教育和科技成为推动物流行业创新的关键动力和源泉。为此，各地应充分认识到科教力量对经济发展的重要性，积极与高校合作，实现共生共融，共同培养专业型人才，挖掘和整合地方科技人才资源，为物流创新提供充足的人才支持和技术保障。

首要任务是加强高校物流相关专业的建设，构建多层次、多方向的物流人才培养体系，特别是培养现代物流管理和供应链管理人才。通过创新人才培养模式，深化产教融合，推动校企合作，支持现代物流产业学院的建设。与物流行业专家和企业高管共同制定物流专业人才培养方案和目标，增设现代物流理论与技术应用课程，开设数据分析与应用、人工智能等相关课程，以提升学生的实践能力和技术水平。

同时，积极鼓励物流领军企业与高校合作建立物流行业高技能人才培训基地和大学生实习基地，为其提供更多的实习和就业机会，促进理论与实践的有机结合。进一步加强政产学研融合，支持设立物流行业技术研发中心和物流研究中心，开展多元化的人才培养项目，培养出高素质、复合型的物流人才。此外，还应鼓励高校与企业共同举办专业培训、研讨会和技术交流活动，不断更新和提升物流从业人员的专业知识和技能水平。

（二）打造智慧物流科技创新人才支撑新体系

智慧物流的快速发展离不开科技创新，而科技创新的核心在于人才。高端物流科技人才是推动智慧物流产业升级的关键因素。吸引国内外顶尖人才集聚福建，不仅能够带动当地经济的增长，还能够促进物流行业的技术革新和服务质量的提升。为了更精准地吸引和引进人才，福建省需要加强对智慧物流产业创新人才的预测。建立定期发布紧缺物流创新人才需求目录的机制，向外界明确展示其人才需求，吸引更多符合条件的人才前来发展。同时，针对福建省紧缺型物流创新人才的引进问题，应开设专门的绿色通道。简化人才引进的程序和流程，为符合条件的高端人才提供更便利的工作许可证申请和审批服务，从而实现精准、快速引进。建立人才服务平台，为新引进的物流科技人才提供全方位的生活和工作支持，帮助他们迅速融入福建省的工作和社会环境。此外，福建省还应加大对物流科技创新人才的政策支持力度，例如税收优惠、住房补贴等激励措施，以提升福建省在人才引进中的竞争力和吸引力。通过以上措施的有效组合和实施，福建省能够更加有效地打造智慧物流科技创新人才支撑的新体系，推动物流行业向着更高水平迈进。

（三）加大对物流从业人员的教育培训力度

在推动福建省物流行业持续发展的过程中，加大对物流从业人员的教育培训力度显得尤为关键。为此，物流企业应积极与本地高校合作，利用其智慧物流研究院或研究平台，共同策划并举办高质量的物流科技交流活动，以促进校企间的深度合作。通过这种合作，不仅可以将最新的物流科技知识引入企业，还能为从业人员提供与学术界交流的机会，从而提升他们的专业素养。

同时，企业内部也应建立选拔和培养机制，重点培养有潜力的员工，鼓励他们参与不定期的学习和深造。这将有助于员工个人职业成长，也能为企业培养一支技术精湛、创新能力突出的人才队伍。此外，鼓励物流从业人员拓宽国际视野，与全球顶尖物流企业进行深度学习和交流，获取最新的国际行业前沿动态。通过国际交流，从业人员可以将国际先进的物流理念和技术带回国内，促进企业的科技创新和业务模式创新。这不仅有助于提升福建省物流行业的整体竞争力，还能为社会创造更大的经济价值和更高的社会效益。

五、注重环境、能源与可持续发展目标的实现

注重环境、能源与可持续发展目标的实现，是当前和未来物流领域发展的重要方向。随着全球环境问题的不断加剧，实现可持续发展成为全球共同面临的挑战。在物流领域，我们必须认真关注物流活动对环境的影响，并采取有效措施来减缓这一负面影响。

（一）制定新能源政策，引领可再生能源的广泛应用

持续推进绿色低碳发展，让绿色理念深入人心，加快推行绿色生产，绿色生活成为时尚。健全减污降碳约束机制，统筹推进重点行业碳达峰，推进碳排放权、排污权交易，支持南平建设国家碳计量中心，支持三明、龙岩、南平建设国家林业碳汇试点城市。培育壮大绿色经济，大力发展新能源汽车、电动船舶、新型储能、海上风电、光伏发电等产业，打造绿色低碳供应链。

政府在培养环保理念方面应加大人、财、物的投入力度，从学生抓起，培养广泛的环保意识，鼓励绿色消费，确保"保护环境，人人有责"深入人心，成为人们的基本生活习惯。同时，政府应制定切实可行的绿色排放标准，建立完善的绿色信用机制，促使企业积极参与绿色物流体系的构建，优化资源结构，合理规划能源战略，确保可再生能源在物流领域的应用更加广泛。

在实际物流活动中，运输、仓储、包装、装卸等环节都对环境产生一定影响。为了减少这些环节对环境的负面影响，需要引导简约有度的网购方式，提倡绿色包装，通过技术手段提高仓储空间的利用率。同时，建议建立绿色物流标准化流程，规范物流行业生产、运输、仓储等环节，鼓励物流企业响应节能减排的号召，积极研发生态化、绿色化的物流技术。可通过与节能环保公司深度合作，在能源投入方面进行优化，使不可再生资源得到更加高效的利用。物流企业之间可以开展业务合作，共享合作运输方式，降低空车率，减少运输过程中的无效能源消耗。

（二）积极引入绿色管理技术，以高效管理实现发展

绿色管理技术在福建省绿色物流发展中扮演着至关重要的角色。它是推动物流企业实现可持续发展的基石，能够显著提升企业的管理效能，进而为企业的高质量、绿色发展奠定坚实基础。为了实现绿色物流的创新发展，福建省的物流企业应积极引进并合理运用各种先进技术，加大研发投入力度，推动物流装备的创新。通过持续降低能耗，企业可以有效降低运

营成本，提高竞争力。

同时，推动绿色低碳技术与新一代信息技术的深度融合至关重要，如云计算、物联网、大数据和人工智能等，这将有助于物流产品、业务和服务的升级换代，进而提升整个物流行业的水平。在包装环节，应积极推动绿色包装的研发和应用，构建包装回收再利用循环体系，以实现循环经济的发展目标。

此外，福建省的物流企业还应注重集成化创新，从制造端、运输端和消费端共同发力，推动全产业链的科技创新，提升物流产业链的安全性和稳定性，构建高效畅通的现代物流产业体系。实现这一目标，培养绿色低碳技术人才是关键。企业应加大人才培养力度，培育绿色创新文化，打造一流的创新团队，为绿色物流的创新发展营造良好的氛围。

（三）加快建设绿色物流产业链供应链

福建省作为中国东南沿海重要省份，面对绿色发展的国家战略，需加快建设绿色物流产业链、供应链。各级政府应加强对物流基础设施的宏观调控，对从规划、设计到建设的全过程进行顶层设计和统筹协调，确保物流规划与地方经济、环境保护等其他规划的协调一致。

首先，福建省应科学合理布局物流基础设施，促进不同运输方式、场站园区、仓储设施的有效衔接，提高物流设施的利用效能和效率。同时，推动物流标准、运输规范、操作流程的一体化发展，确保物流活动高效和环保。其次，应促进物流业与制造业、商贸流通业、电商产业的深度融合，建立绿色发展联盟，引导物流企业与合作伙伴、供应商、制造商加强合作，共同倡导绿色物流理念，推动整个产业链、供应链向绿色低碳方向转型。同时，物流企业应推动物流组织模式的创新，合理配置资源，科学规划运输网点和线路，降低运输车辆空载率，减少环境污染排放。福建省可大力发展共享物流、智慧物流、第三方物流、多式联运等新模式，提高物流效率，促进资源的高效合理利用。最后，积极推动福建省农村地区物流基础设施的绿色化改造升级，提升农村物流产业的可持续发展能力，确保绿色物流理念贯穿于物流服务的每一个环节。这些措施将有助于提升福建省物流产业的整体竞争力，实现经济发展与环境保护的双赢。

第八章　福建省物流科技发展的启示、趋势与展望

一、国际物流科技发展对福建省实践的启示

（一）强化物流科技的整体规划与现代管理

通过对国际物流科技发展的地域特点与差异的分析，发现整体规划与现代管理能力对推动国际物流科技发展至关重要，它们不仅是简单货物运输的延伸，更是构建全球高效物流网络、提升服务质量的复杂系统工程。为此，福建省可以从以下方面强化物流科技的整体规划与现代管理。

一是加强全球视野下的整体规划，强化政府统筹协调和产业引导作用。结合共建"一带一路"倡议及国际物流发展趋势，制定具有前瞻性的物流发展规划。考虑国内外政治、经济、文化等多重因素，构建内外联通、安全高效、智慧绿色的现代物流体系。特别是加强"丝路海运""丝路飞翔"与"数字丝路"等工程建设，推动多式联运与国际物流大通道的无缝对接，形成辐射全球的物流网络。

二是提升现代管理能力。加强对物流管理专业人才的培养与引进，确保其具备扎实的经济学和物流学知识，以及宏观规划与现代管理能力。鼓励物流企业运用先进的管理理论、方法和信息技术，如大数据、物联网、人工智能等，提升物流运作的智能化、自动化水平，实现精细化管理。

三是促进信息技术应用与创新。加大对物流信息技术研发的投入力

度，推动物流管理软件的持续升级与更新。利用信息技术优化物流流程，提高物流效率与透明度，降低运营成本。同时，加强信息安全建设，确保物流数据的安全与隐私保护。

四是深化国际合作与交流。福建省应积极参与国际物流标准和规则的制定工作，加强与"一带一路"共建国家和地区的物流合作与交流。采取共建物流园区、开通国际物流通道等方式，拓展国际物流市场份额，提升福建省物流企业在国际市场的竞争力和影响力。

五是优化政策环境。福建省应出台一系列有利于物流科技发展的政策措施和优惠措施，如税收优惠、资金补贴等，降低物流企业的创新成本和运营成本。同时，深化跨境贸易便利化改革，优化通关流程和提升服务水平，提高跨境物流的效率和便捷性。此外，加强政府与企业之间的沟通与协作机制建设，共同推动国际物流科技发展的整体规划和现代管理能力的提升。

综上所述，福建省应通过以上措施，推动国际物流科技发展的整体规划与现代管理能力不断提升，进而在全球物流市场中占据更有利的位置。

（二）大力推广技术与科学在国际物流领域的融合应用

在国际物流领域，技术与科学的深度融合显著提升了行业效率与竞争力。物流信息系统、智能物流设备及物流大数据分析作为关键驱动力，为国际物流科技发展铺平了道路。福建省应把握这一趋势，采取以下策略推动技术与科学的进一步融合与应用。

一是建设先进的物流信息系统。福建省应借鉴国际先进经验，加快建设和推广先进的物流信息系统，实现物流信息的高效管理和共享。通过物流信息系统，物流企业可以实时跟踪和管理订单、库存和运输信息，提升物流的精确度和效率，并促进供应链各环节的协调与合作，提高整体物流效率。

二是推动智能设备应用。随着物联网、人工智能等技术的快速发展，智能物流设备已成为提升物流效率的关键。福建省应积极引进和推广智能仓储设备、智能运输设备等，通过自动化、智能化技术实现物流作业的少人化或无人化。智能仓储设备能够自动完成货物的入库、存储、拣选、出库等作业，显著提高仓储效率和准确性；智能运输设备则能通过智能调度和路线优化，实现对运输过程的精准控制和高效管理，降低运输成本并提升运输效率。此外，福建省还应鼓励物流企业加大研发投入力度，推动智能物流设备的自主创新与升级，以适应不断变化的市场需求。

三是深化大数据分析。福建省应鼓励物流企业建立数据分析团队，深入挖掘物流大数据的潜在价值。通过精准分析订单、库存、运输等数据，发现物流运营中的优化空间，为物流决策提供科学依据。这不仅能提升物流决策的科学性和准确性，还能促进物流资源的优化配置，实现降本增效。

四是推动物联网技术应用。福建省应大力推动物联网技术在物流领域的应用。通过物联网技术，实现物流环节的全面互联和对其的实时监控。例如，使用传感器和 RFID 技术，可以实时监控货物的温度、湿度和位置，确保货物在运输和存储过程中的安全和质量。同时，通过物联网技术可以提高物流信息的透明度和可追溯性以及物流运作的精确度和反应速度，从而提升整体物流服务质量，推动物流科技进步。

五是提升物流科技创新能力。福建省应鼓励物流企业加大科研投入力度，提升科技创新能力。通过持续的技术创新和应用，企业可以不断优化物流流程和服务模式，提升物流自动化和智能化水平，推动福建省物流科技的全面发展，保持其在国际物流领域的竞争优势。

（三）科技创新发挥第三方物流的国际竞争力

对第三方物流的国际经验进行总结，发现第三方物流在国际物流领域的重要性体现在以下几个方面。首先，它能够通过科学的管理方法和先进的物流技术提高物流效率，包括优化物流网络、合理规划运输路线、提高仓储利用率等手段。其次，第三方物流企业凭借其规模化经营和专业化管理优势，可以通过集中采购、规模效应和成本分摊等方式降低物流成本。最后，第三方物流企业通过科学的管理方法和先进的物流技术，提高了物流服务质量，确保了物流服务的可靠性和准时性，同时也能够满足客户不同的个性化物流需求。为此，福建省可以从以下方面来提升第三方物流的国际竞争力。

一是提升第三方物流专业化水平与效率。借鉴第三方物流在提高物流效率方面的成功经验，通过科学的管理方法和先进的物流技术，优化物流网络、合理规划运输路线、提高仓储利用率。具体而言，福建省可以大力推广物流信息系统和智能物流设备的应用，实现对物流过程的精细化管理和控制，从而提高物流效率。同时，福建省还应积极引入和推广先进的物流技术，提升物流的可视化和智慧化水平，以适应不断增长的国际贸易和全球化需求。通过持续优化和创新，福建省的物流效率将显著提高，增强其在国际物流市场的竞争力。

二是促进规模化经营与成本优化。福建省在物流科技发展过程中，应注重借鉴第三方物流企业在降低物流成本方面的成功经验。通过规模化经营和专业化管理，福建省物流企业可以实现集中采购、规模效应和成本分摊，显著降低运输成本、仓储成本和管理成本。具体措施包括优化物流网络布局、合理规划运输路线、提升仓储利用率，以及充分利用物流大数据分析技术，发现潜在的成本降低机会。通过一系列措施，福建省物流企业将能够有效控制和管理物流成本，提高整体物流系统的经济性，为区域经济发展提供坚实保障。

三是深化服务创新与个性化定制。在物流科技发展过程中，福建省应注重提升物流服务质量，学习第三方物流企业的成功经验。通过引入科学的管理方法和先进的物流技术，实现对物流过程的实时监控和管理，增强物流服务的可靠性和准时性。同时，应积极利用物流大数据分析技术，挖掘潜在的服务优化机会，提升物流服务的个性化和定制化水平，以满足不同客户的多样化需求。通过不断提升服务质量，福建省将在激烈的国际物流市场竞争中树立良好的口碑和品牌形象，增强市场竞争力。

（四）注重环保推进物流产业可持续发展

国际物流科技发展的一个重要方向是绿色物流，这强调在物流运作中减少能源消耗和环境污染，国际上通过推动绿色运输工具的应用、推广环保包装材料、优化物流流程和管理、建立绿色发展联盟、政策引导和技术创新等多种手段，有效推动了物流产业的绿色转型和可持续发展。为此，福建省可以从以下方面推动物流产业可持续发展。

一是推动绿色运输工具应用。福建省应借鉴国际上推动绿色运输工具应用的成功经验，积极引入电动和氢燃料电池车辆，以减少物流运输中的碳排放和空气污染。日本和欧洲的实践表明，清洁能源车辆不仅有助于环境保护，还能有效降低企业的长期运营成本。福建省可以通过政府政策支持和补贴，鼓励物流企业采用绿色运输工具，推动物流行业向低碳发展转型。

二是推广环保包装材料。福建省应引导物流行业采用环保包装材料，减少一次性塑料的使用，推动包装材料的循环再利用。国际上，许多企业已开始使用可回收、可降解的包装材料，以减少包装废弃物的产生。借鉴这些成功经验，福建省可以推动本地物流企业采用环保包装材料，并鼓励相关产业链的上下游企业进行绿色转型。同时，政府可以通过制定相关政策和标准，推动环保包装材料的应用，并对符合标准的企业给予奖励和支持。

三是优化物流流程和管理。福建省应学习国际上优化物流流程和管理的成功经验，通过引入先进技术和设备，提高物流效率，减少资源浪费。例如，日本企业在物流管理中注重精益求精，通过不断优化每一个环节，从生产到配送，提升整体效率。福建省可以借鉴这种做法，推动本地物流企业在物流流程优化、技术应用和管理创新方面进行探索，以适应市场需求的变化，提高物流系统的整体效能。同时，推广精益物流理念和方法，降低成本和提升服务质量。

四是建立绿色发展联盟。福建省可以借鉴国际上建立绿色发展联盟的经验，推动整个物流产业链向绿色低碳方向转型。通过与合作伙伴、供应商和制造商共同倡导绿色物流理念，福建省的物流企业可以建立绿色发展联盟，推动行业的可持续发展。政府和行业协会应积极促进这种联盟的建立，鼓励企业间的合作与信息共享，共同制定绿色物流标准和规范。这不仅有助于提升福建省物流行业的绿色转型水平，还能提升整个产业链的环保意识和增强合作精神。

五是政策引导和技术创新。福建省在推动物流行业绿色发展的过程中，应充分利用政策引导和技术创新的力量。借鉴国际上的做法，福建省政府可以制定绿色物流发展的规划和政策，鼓励企业进行技术创新和绿色转型。通过提供财政支持和技术指导，帮助企业研发和应用绿色技术。同时，可以建立绿色物流示范区，推广先进的绿色物流技术和管理模式，为其他地区和企业提供借鉴和参考。这将有助于福建省物流行业的可持续发展，提升整个行业的绿色发展水平。

（五）重视国际物流科技人才队伍的培养与培训

国际物流科技教育体系的建设对于国际物流科技发展至关重要，其成功经验主要体现在以下几个方面：人才培养、科研创新、行业合作和国际交流。为此，福建省可以借鉴这些方面的经验，来推动物流科技人才队伍的培养。

一是健全物流科技人才培养体系。国际物流科技教育体系的核心在于人才培养，要满足国际物流科技发展的需求，教育体系必须培养高素质的物流专业人才。福建省应借鉴国际经验，在构建多层次、多维度的物流科技人才培养体系中，注重培养学生的国际视野、创新能力与实践能力。通过优化物流专业课程设置，加强与国际物流科技企业的合作，设立实习实训基地，确保学生掌握前沿物流科技知识并具备实际操作能力。同时，增加师生的国际交流机会，增强跨文化沟通能力，同时，应注重培养学生的国际化素养和跨文化交流能力，为其未来在国际物流领域的工作奠定坚实基础。

二是激发物流科研创新活力。科研创新是推动国际物流科技发展的关键，福建省应鼓励教育机构和研究人员在国际物流领域开展前沿科研工作，推动科技创新。同时应鼓励高校与企业合作建立物流研究中心，加大对国际物流科技前沿课题的研究投入力度。通过组织学术交流、支持科研项目申报与实施，促进科研成果的转化与应用。此外，构建产学研深度融合机制，可加速科技成果向产业界转移，推动物流科技的商业化进程。

三是深化物流行业合作机制。首先，通过政策引导和支持，建立统一的行业标准，推广兼容的技术和系统，确保省内不同企业之间的信息和数据顺利交换。其次，建立行业信息共享平台，利用先进技术实时获取物流信息，优化运输路线和仓储管理，并通过区块链等技术提升供应链透明度。最后，鼓励物流企业与制造企业建立长期战略合作关系，共同投资物流设施建设和物流器具研发，提高供应链协同效率。

四是拓宽国际交流渠道。福建省应积极拓展国际物流领域的交流与合作渠道，引进国际先进理念与技术。福建省高校应与海外知名大学合作，可以通过定期举办或参与国际物流领域的学术会议和研讨会，邀请国际专家学者来访，分享研究成果和行业动态及开展物流管理相关专业的联合培养项目，并推动学生和教师的国际交换项目进一步深化，促进学术交流和经验吸收。同时，福建省物流企业可以与国际物流企业合作，提供联合物流服务，共享资源和网络，提升跨境物流效率，同时吸引国际物流企业在福建省投资设厂或设立分支机构，促进本地物流行业的发展。鼓励福建省物流企业加入国际物流行业协会和联盟，参与国际标准的制定和行业规则的讨论，定期组织与国际同行的交流活动，分享经验和技术。

二、福建省物流科技发展的未来趋势

（一）物流产业数字化转型

当前，中国物流业正在进入全面数字化时代，整个产业链不同企业间将实现全面联动和数据打通，在此基础上，以大数据、物联网、云计算、5G、人工智能为核心的新技术，将推动数字化与智能化实现深度融合，现代物流体系将从数字化时代跃升至"数智化时代"。国务院办公厅发布的《"十四五"现代物流发展规划》明确提出，应积极推动物流与供应链的数字化转型，加强对物流基础设施的数字化改造，同时鼓励物流与供应链企业进行数字化升级，以提升整体数字化水平。福建省发展和改革委员会发布的《推进全省现代物流体系建设的若干措施》则强调了加快物流企业数字化、智慧化改造的重要性。物流作为连接生产与消费的纽带，其运作效率和精确度直接关系到供应链的流畅性和产品的可及性。通过智慧化管理、实时数据分析以及跨平台协同等手段，数字化转型为物流业带来了机遇。

面对物流产业数字化转型的发展，福建省物流企业应以数字技术创新应用为牵引，以数据要素价值转化为核心，以多元化、多样化、个性化为方向，将传统的经营模式逐步转变为以数据和技术为核心的新模式、业务新环节、产业新组织、价值新链条，以提高服务质量和效率，更好地适应市场环境的变化。

（二）大数据技术

大数据技术正在深刻改变物流行业的运营方式和战略决策。随着数字化转型和物联网的普及，物流企业能够从多样化的供应链来源中获取大量数据，这些数据不仅仅是信息的堆积，更是提升运营效率、改善客户体验感以及降低风险的关键工具。现代物流业对于可见性和预测的需求日益增强。特别是在突发事件带来的不确定性的影响下，物流运输模式、消费者行为都发生了巨大变化，凸显了数据分析在揭示供应链问题、识别趋势和应对变化中的关键作用。随着全球经济逐步从疫情影响中恢复，对于数据分析功能的需求更加突出，不仅局限于灾难风险的减轻，还包括运营模拟和客户服务的持续改善。

大数据分析已经成为物流企业实际操作中不可或缺的一部分。通过深入挖掘和分析大数据，企业能够优化供应链管理、实现即时反馈和决策支持。同时，大数据技术的应用也推动了人工智能在物流领域的广泛应用，如智能路线优化、预测性维护和自动化仓储操作等，这些技术的发展又进一步增加了对更大数据集的需求，以增强数据分析的精准度和效果。

福建省物流科技在大数据技术方面应当加强数据整合与分析能力，以应对日益复杂的市场环境和供应链挑战。通过深度挖掘和实时分析多源数据，物流企业能够优化运营效率、改善客户体验感，并有效降低风险。随着全球经济复苏和市场需求的变化，福建物流业需进一步强化数据分析在预测性维护、智能决策和供应链可视性方面的应用，推动大数据技术与人工智能的紧密融合，提升整体运营效果和竞争力。

（三）人工智能技术

由于机器学习、计算能力、大数据分析的并行发展以及行业领导者的接受，人工智能正凭借其预测和视觉识别能力，推动物流流程自动化和提供新的客户体验，致力于提高供应链效率。它已在供应商管理、智慧仓储管理、运输管理、配送管理、客户管理等物流领域得到了广泛应用。麦肯锡预测，未来 20 年人工智能创造的 4.2 万亿美元价值中，将有近三分之一的价值是由于将该技术应用于供应链，主要是降低成本。高盛估计，人工智能机器人、自动化、流程优化和数据分析，可使物流产业的成本下降5%，这将极大地增强物流组织推进其供应链数字化、效率和弹性的能力。

面对人工智能技术带来的变革，福建省物流科技的未来发展方向应聚焦于深化机器学习、提升计算能力并充分利用大数据分析，以实现物流流程的全面自动化和优化客户体验。通过在供应商管理、智慧仓储、运输配送以及客户服务等多个物流环节中集成人工智能技术，福建省将能够显著提高供应链的效率并降低运营成本。

（四）物联网技术

物联网有潜力将万物实现互联，实现物流和供应链过程数字化、透明化，进而为基础层数据汇总上报到决策层提供强有力的决策支撑。它在当今的现代物流行业中应用已十分广泛，其能够对物品进行智能识别定位、跟踪和管理。现在物流链上的各种物品都可以发送、接收、处理和存储信息，从而积极参与自导向、事件驱动的物流过程，为物流提供商带来长期的回报，产生可操作的见解，推动变革和提出新的解决方案，从而提高物流运营的可见性、可追溯性、可靠性和安全性，它的实时连接有助于提高服务质量，优化资产利用率，缩短运营支持的响应时间。在过去的几年中，物联网设备及其收集的数据已被证明是提高物流行业效率和服务质量的驱动因素。市场增长预测非常乐观。根据 IDC（互联网数据中心）《全球物联网支出指南（2022 年）》，未来五年全球物联网支出规模将不断扩张，在 2026 年达到 1.1 万亿美元。

　　未来，福建省物流科技在物联网技术方面应当加强基础设施建设和技术应用，以实现物流和供应链的数字化和透明化。通过广泛应用物联网设备，福建省能够对物流过程中的物品进行智能识别、定位、跟踪和管理，这不仅将提高物流运营的可见性、可追溯性、可靠性和安全性，还将通过实时数据的收集与分析，为决策层提供强有力的信息支撑，优化资产利用率，并缩短运营支持的响应时间，物联网技术的应用将推动物流服务质量的提升和运营效率的增强。

（五）RFID 技术

　　RFID 技术属于第三代识别技术，相较于传统条码技术，它具有存储信息量大、非接触识别、识别距离远、识别速率高、可重复使用等突出优势。目前，该技术主要应用于零售领域，物流行业由于作业环境的动态性与复杂性，射频识别的准确率一直在 80% 左右，无法应用到现实场景当中。2021 年，菜鸟物流通过优化芯片与识别算法，将 RFID 技术精准识别的准确率提高至 99.8%。这一关键技术的突破使 RFID 技术在物流领域的大规模商业应用成为可能，有望成为继条形码、二维码之后的第三代识别技术，推动物流供应链数字化战略升级。目前，我国部分物流企业已经广泛使用该技术。福建省物流行业在物联网方向的发展应当聚焦于 RFID 技术的深度融合与创新，充分利用其在存储容量、非接触性识别、远距离识别以及高识别速率等方面的优势，以实现物流供应链的数字化和智能化升级。

　　福建省物流科技应当致力于进一步推广和优化 RFID 技术的应用。通过加强芯片和识别算法的优化，提升 RFID 技术在物流环境中的准确率和稳定性，以应对动态复杂的作业场景需求。福建省物流企业可以借助 RFID 技术的存储容量大、非接触性识别、远距离识别和高速识别等优势，实现物流供应链的数字化和智能化升级，推动行业向着更高效、可视化和安全的方向发展。

（六）XR 技术

XR（Extended Reality）技术即扩展现实技术，它包含了虚拟现实（VR）、增强现实（AR）以及混合现实（MR）等技术概念。XR 技术通过与物联网技术、大数据分析技术和人工智能技术相结合，产生一个真实与虚拟结合、可人机交互的环境。"十四五"规划将虚拟现实和增强现实产业列为 2021—2025 年数字经济重点产业。在物流领域，AR 技术能够将虚拟世界和现实世界以多种组合方式进行融汇，从而为物流行业一线员工的高效率作业提供更多可能。例如，自动化仓库仓储作业员工通过佩戴 AR 眼镜能大大提升拣选效率，降低拣选错误率，并减少企业培训的时间和支出；AR 技术与设备在货车驾驶状态将取代传统导航系统提供动态实时导航。未来，依托 XR 系统，物流企业能实现作业场景的信息化、智慧化，从而提高工作效率，降低成本。

福建省物流科技在 XR 技术方面应该加强与物联网技术的深度融合和创新应用。通过整合 XR 技术与物联网、大数据分析和人工智能等技术，福建省的物流企业可以打造真实与虚拟结合的工作环境，提升作业效率和精准度。这种技术整合将有助于推动福建物流行业向智能化和数字化转型迈进，进一步提升竞争力和市场地位。

（七）物流全链路实现在线协同

消费电商的物流全链路起始于销售商，经由快递公司的揽件网点、始发中心、转运系统、派件网点等环节，最终到达终端消费者。当前这一全链路各个环节虽然能够在物流详情页面在线看到，但是物流各环节的服务并不在线，呈现分散状态，信息化程度和透明化程度低下，难以满足沟通便捷性、服务及时性的需求。比如，消费者在售后服务中对物流提出需求，只能先联系销售商，由销售商联系网点，再由网点联系快递公司，沿全链路解决问题，无法形成高效率的服务体系。通过服务设备、服务人员、服务节点在线互联，可实现货物实时定位，状态实时查询，信息实时共享，问题实时沟通。物流链路上的各个环节不再单打独斗，而是实现了短链协同；信息不再层层传递，而是通过物流全链路的数字化和可视化，实现订单跟踪、异常监控、及时交互，让退货、拦截、催件、投诉等变得高效。

福建省物流科技在物流全链路实现在线协同方面应重点发展数字化和智能化技术，确保物流全程各环节的信息实时共享和高效沟通。通过整合各个服务设备、人员和节点，实现对货物的实时定位和状态查询，提升订单跟踪和异常监控能力，以及实时交互和问题解决效率。这种全链路数字化和可视化的发展方向将有效提高物流服务的透明度和效率，满足消费者对于沟通便捷性和服务及时性的需求，推动福建物流行业向更加智能化和高效化方向发展。

（八）无人/自动驾驶技术

无人/自动驾驶技术能实现装卸、运输、收货等物流作业的无人化、机器化，促使物流领域降本增效，推动物流产业的革新升级，公路干线运输、中短途配送、仓储作业、快递末端配送等业务场景都将是重要的应用场景。由于受到车辆技术和政策法规的约束，无人驾驶技术在物流场景的规模化商用，将最先在快递末端取得突破。从趋势来看，快递末端配送"最后一公里"这一物流成本最高的环节，是低速无人驾驶技术目前应用最为广泛的领域。而今快递业务量剧增，一线城市配送人员短缺的问题愈加突出。随着5G、AI等技术的发展和国内人力成本不断提升，无人配送在快递物流等场景的价值日益凸显。尤其是在新冠疫情暴发期间，以无人配送为代表的无接触式智慧化配送作为一种切实可行的末端配送解决方案，成为行业关注的焦点。菜鸟、美团等行业参与者近年来纷纷引入末端物流无人驾驶技术，国外的谷歌、亚马逊等科技公司也先后加入这一市场。

福建省物流科技在无人/自动驾驶技术方面应当加大研发和应用力度，特别是在快递末端配送和仓储作业等关键领域，通过引入无人驾驶技术，实现物流作业的自动化和机器化，有效降低成本、提升效率，并推动物流产业实现革新升级。

三、展望

随着全球化进程的加快和信息技术的迅猛发展，物流科技作为现代服务业的重要组成部分，日益成为推动经济增长和提高国际竞争力的关键因素。本书系统梳理了国际物流科技的发展历程、核心趋势及典型案例，深入分析了福建省物流科技在物流科技领域的创新实践与面临的挑战，旨在为福建省乃至全国的物流科技发展提供相应的参考和启示。

展望未来，福建省物流科技行业正站在新的发展起点上。面对全球化和数字化的浪潮，福建省应进一步深化国际合作，引进和吸收前沿物流管理理念与技术，加速物流服务的国际化进程，以提升福建省物流科技的国际竞争力。同时，积极参与国际物流科技交流与合作活动，有助于推动福建省物流科技走向全球。在数字化、智能化和绿色化等方面持续创新，加强产学研合作，推进科技创新与产业升级深度融合，使福建省物流科技处于行业领先地位，为其持续发展注入新动力。

此外，还需加大对物流科技人才的培养和引进力度，提升从业人员的专业素质和技能水平。通过双管齐下的人才培养和引进策略，为福建省物流科技的创新发展提供有力支持。在物流科技发展中，应特别注重环境保护和可持续发展，实现经济效益和社会效益的双赢。同时，加强供应链风险管理，确保物流系统的安全稳定。通过可持续发展和风险管理的有机结合，为福建省物流科技的未来发展奠定坚实基础。

综上所述，本书全面深入地研究了物流科技的国际趋势及其在福建的实践，为该领域的未来发展提供了一定的理论指导和实践借鉴。

参考文献

［1］福建省物流科技发展报告：福建省科学信息技术研究所［R］. 2023.

［2］福州现代物流城社会稳定风险分析公式［EB/OL］. http://www.fzlj. gov.cn/xjwz/zwgk/gggs/202107/t20210727_4150595.htm.

［3］科技部发布国家"十二五"科学和技术发展规划［EB/OL］. https:// www.gov.cn/jrzg/2011-07/13/content_1905911.htm.

［4］我国科技进步贡献率已达 59.5% 创新驱动发展战略深入推进［EB/ OL］. https://www.gov.cn/xinwen/2020-10/21/content_5552877.htm.

［5］两会·政府工作报告｜数说这五年［EB/OL］. http://lianghui.people. com.cn/2023/n1/2023/0305/c452482-32637212.html.

［6］2023 年度中国物流科技市场数据报告：网经社电子商务研究中心 ［R］. 2023.

［7］林通，陈梦. 漳州市物流科技创新困境及发展建议［J］. 物流科技， 2024，47（1）：140-142.

［8］毛黎霞. 江苏物流科技创新问题及对策研究［J］. 物流工程与管理， 2023，45（12）：16-19.

［9］寿颖钰，陈梦. 福建省物流科技创新能力评价研究［J］. 物流科技， 2023，46（11）：106-109.

［10］于倩颖，曹军，邱学林. 营口地区物流科技创新问题与对策研究 ［J］. 中国储运，2021（11）：206-207.

［11］陶君成，李艳丽. 论发达国家物流发展的特点和经验［J］. 物流技

术，2006（5）：88-90+101.

[12] 金萍，周根贵. 发达国家物流业发展特色对浙江省的启示 [J]. 物流科技，2007，30（10）：118-120.

[13] 刘雅平. 欧洲国家发展现代物流的经验以及对我们的启示 [J]. 北方经济，2006（14）：77-78.

[14] 岳禹峰. 亚马逊欧洲区域物流信息管理系统优化设计 [D]. 兰州：兰州大学，2022.

[15] 沙宇昂. 国际绿色物流发展的新态势及启示 [J]. 群众，2024（8）：57-58.

[16] 黄爱玲，贾琼琳，段志伟，等. 国内外物流低碳发展经验借鉴与启示 [J]. 今日科苑，2023（12）：64-74.

[17] 葛立国. 国际第三方物流企业的发展启示 [J]. 铁路采购与物流，2023，18（11）：32-34.

[18] 高思远. 国外绿色物流发展分析及启示 [J]. 物流工程与管理，2023，45（7）：27-29.

[19] 方金春，郑璜，林蔚. 丝路花怒放 陆海共繁荣 [N]. 福建日报，2023-10-18（1）.

[20] 黄有方. 我国物流科技研究和应用动态（下）[N]. 现代物流报，2020-12-28（A02）.

[21] 辰溪，何文忠，常河山. 美团配送、京东物流：科技赋能生活物流 [N]. 现代物流报，2024-06-10（3）.

[22] 传化在物流科技落地中的探索 [N]. 现代物流报，2018-08-29（7）.

[23] 尹家乐. 科技进步对福建省物流产业发展的影响研究 [D]. 福州：福州大学，2014.

[24] 廖韵如. 物流科技进步对物流产业发展的影响研究 [D]. 南昌：华东交通大学，2011.

[25] 丁悦华，冯慧娟. 物流科技创新对经济增长的影响 [J]. 物流科技，2023，46（14）：113-116，120.

［26］刘辉鸿，刘艳丽，陈欣. 物流科技领域研究热点和研究前沿分析 ［J］. 科技和产业，2023，23（15）：92-101.

［27］"数智供应链与物流科技"专辑导读 ［J］. 华东师范大学学报（自然科学版），2022（5）：6-7.

［28］管浩. 安歌科技 Enotek：创新物流科技，创建智能未来 ［J］. 华东科技，2022（11）：62-65.

［29］李韫斐. 构建物流科技能力平台　服务物流数字化 ［J］. 中国物流与采购，2023（2）：59.

［30］王哲. 中小型物流企业科技创新策略研究 ［J］. 物流科技，2023，46（8）：1-3，14.

［31］任芳. 物流科技人才培养需从实践中来到实践中去：访清华大学工业工程系副教授王琛 ［J］. 物流技术与应用，2022，27（6）：142-145.

［32］浙江大学物流与决策优化研究所. 2022 十大物流科技趋势展望 ［J］. 物流技术与应用，2022，27（2）：56-59.

［33］黄有方. 我国物流科技研究和应用的新动态 ［J］. 物流技术与应用，2021，26（1）：42-43.

［34］刘宁. 智慧物流技术专业群服务物流科技行业人才需求文献综述 ［J］. 老字号品牌营销，2020（12）：117-118.

［35］赵皎云. 普罗格：用物流科技打造科技物流 ［J］. 物流技术与应用，2020，25（11）：70-72.

［36］王艳. 物流技术在传统物流企业中的应用 ［J］. 黑龙江科学，2019，10（24）：148-149.

［37］2017 年中国物流科技行业研究报告. 艾瑞咨询系列研究报告 ［R］. 2017.